Panduan OECD-FAO untuk Rantai Pemasok Agrikultura yang Bertanggung Jawab

Dokumen ini, beserta data dan peta apa pun yang disertakan di sini, tidak mengurangi status atau kedaulatan atas wilayah mana pun terhadap penetapan batas-batas internasional, nama wilayah, nama kota atau nama daerah mana pun.

Nama-nama negara dan wilayah yang digunakan dalam publikasi bersama ini mengikuti praktik FAO.

Data statistik untuk Israel disediakan oleh dan di bawah tanggung jawab otoritas Israel yang bersangkutan. Penggunaan data tersebut oleh OECD tidak mengurangi status Dataran Tinggi Golan, Yerusalem Timur, dan permukiman Israel di Tepi Barat menurut ketentuan hukum internasional.

Silakan mengutip publikasi ini sebagai:
OECD/FAO (2023), *Panduan OECD-FAO untuk Rantai Pemasok Agrikultura yang Bertanggung Jawab*, OECD Publishing, Paris, https://doi.org/10.1787/1286bb3f-id.

ISBN 978-92-64-50695-4 (cetak)
ISBN 978-92-64-53464-3 (pdf)

FAO
ISBN 978-92-5-137827-4 (cetak dan pdf)

Judul asli: OECD/FAO (2016), *OECD-FAO Guidance for Responsible Agricultural Supply Chains*, OECD Publishing, Paris, https://doi.org/10.1787/9789264251052-en.
Terjemahan ini telah ditugaskan oleh OECD. Satu-satunya versi resmi dokumen ini adalah teks dalam Bahasa Inggris dan/atau Bahasa Prancis.

Kredit foto: Sampul © pink_cotton_candy/iStock/Thinkstock.com.

Corrigenda untuk publikasi dapat ditemukan secara daring di: www.oecd.org/about/publishing/corrigenda.htm.

Kata Pengantar

Panduan OECD-FAO untuk Rantai Pemasok Agrikultura yang Bertanggung Jawab (Panduan) telah dikembangkan dengan tujuan membantu perusahaan mematuhi standar yang ada untuk perilaku bisnis yang bertanggung jawab di seluruh rantai pemasok agrikultura. Standar ini meliputi Pedoman OECD untuk Perusahaan Multinasional, Prinsip Investasi yang Bertanggung Jawab dalam Sistem Pangan dan Agrikultura, serta Pedoman Sukarela mengenai Tata Kelola Kepemilikan Lahan, Perikanan, dan Hutan dalam Mewujudkan Ketahanan Pangan Nasional. Kepatuhan terhadap standar ini membantu perusahaan mengurangi dampak merugikan mereka dan berkontribusi dalam pembangunan berkelanjutan.

Panduan ini menargetkan semua perusahaan yang beroperasi di seluruh rantai pemasok agrikultura, yang meliputi perusahaan domestik dan asing, perusahaan swasta dan umum, serta perusahaan skala kecil, menengah, dan besar. Panduan ini mencakup sektor hulu dan hilir agrikultura mulai dari pemasok input hingga produksi, penanganan pascapanen, pemrosesan, pengangkutan, pemasaran, distribusi, dan penjualan. Beberapa area risiko yang timbul di sepanjang rantai pemasok agrikultura yang ditangani: hak asasi manusia, hak tenaga kerja, kesehatan dan keselamatan, ketahanan pangan dan gizi, hak kepemilikan dan akses ke sumber daya alam, kesejahteraan hewan, perlindungan lingkungan dan pemanfaatan sumber daya alam secara berkelanjutan, tata kelola, serta teknologi dan inovasi.

Panduan ini terdiri dari empat bagian:

- *model kebijakan perusahaan yang menguraikan standar yang harus dipatuhi oleh perusahaan untuk menciptakan rantai pemasok agrikultura yang bertanggung jawab*
- *kerangka kerja untuk uji tuntas yang menjabarkan lima langkah yang harus diikuti oleh perusahaan untuk mengidentifikasi, menilai, memitigasi, dan menjelaskan cara mengatasi dampak merugikan dari aktivitas mereka*
- *uraian risiko utama yang dihadapi oleh perusahaan dan tindakan untuk memitigasi risiko ini*
- *panduan untuk berinteraksi dengan penduduk asli.*

Panduan ini dikembangkan oleh OECD dan FAO melalui proses yang melibatkan banyak pemangku kepentingan selama dua tahun. Panduan ini telah disetujui oleh Komite Investasi OECD, Komite OECD untuk Agrikultura, dan Kabinet Direktorat Jenderal FAO. Rekomendasi tentang Panduan ini diadopsi oleh Dewan Pimpinan OECD pada 13 Juli 2016. Meskipun tidak mengikat secara hukum, Rekomendasi tersebut mencerminkan posisi bersama dan komitmen politik anggota OECD dan non anggota yang terikat.

OECD juga telah mengembangkan panduan yang disesuaikan untuk membantu perusahaan membangun rantai pemasok yang bertanggung jawab, khususnya: ekstraktif, dan mineral khusus dari wilayah terdampak konflik dan berisiko tinggi; garmen dan alas kaki; dan keuangan.

Daftar isi

Tabel

Gambar

Kotak

Ikuti Publikasi OECD di:

http://twitter.com/OECD_Pubs

http://www.facebook.com/OECDPublications

http://www.linkedin.com/groups/OECD-Publications-4645871

http://www.youtube.com/oecdilibrary

http://www.oecd.org/oecddirect/

Follow FAO on:

Food and Agriculture Organization
of the United Nations

twitter.com/FAOstatistics
twitter.com/FAOKnowledge
twitter.com/FAOnews

www.facebook.com/UNFAO

www.linkedin.com/company/fao

plus.google.com/+UNFAO

www.instagram.com/unfao

www.youtube.com/user/FAOoftheUN

Daftar istilah dan singkatan

CAO	*Compliance Advisor Ombudsman* / Ombudsman Penasihat Kepatuhan IFC dan MIGA
CBD	*Convention on Biological Diversity* / Konvensi Keanekaragaman Hayati
CEDAW	*Convention on the Elimination of All Forms of Discrimination Against Women* / Konvensi Penghapusan Semua Bentuk Diskriminasi Terhadap Perempuan
CFS	*Committee on World Food Security* / Komite Ketahanan Pangan Dunia
CFS-RAI	*Principles for Responsible Investment in Agriculture and Food Systems of the Committee on World Food Security* / Prinsip-Prinsip Investasi yang Bertanggung Jawab dalam Sistem Agrikultura dan Pangan dari Komite Ketahanan Pangan Dunia
CSR	*Corporate Social Responsibility* / Tanggung Jawab Sosial Perusahaan
EIA	*Environmental Impact Assessment* / Analisis Dampak Lingkungan
ESHRIA	*Environmental, Social and Human Rights Impact Assessment* / Analisis Dampak Lingkungan, Sosial, dan HAM
EU	*European Union* / Uni Eropa
FAO	*Food and Agriculture Organization* / Organisasi Pangan dan Pertanian PBB
FDI	*Foreign Direct Investment* / Investasi Asing Langsung
FPIC	*Free, Prior and Informed Consent* / Persetujuan Atas Dasar Informasi Awal Tanpa Paksaan
ICESC	*International Covenant on Economic, Social and Cultural Rights* / Kovenan Internasional tentang Hak-Hak Ekonomi, Sosial dan Budaya
IFAD	*International Fund for Agricultural Development* / Dana Internasional untuk Pengembangan Pertanian
IFC	International Finance Corporation / Perusahaan Keuangan Internasional
IFPRI	*International Food Policy Research Institute* / Institut Penelitian Kebijakan Pangan Internasional
ILO	*International Labour Organization* / Organisasi Perburuhan Internasional

ITPGR	*International Treaty on Plant Genetic Resources for Food and Agriculture* / Perjanjian Internasional tentang Sumber Daya Genetik Tanaman untuk Pangan dan Pertanian
MIGA	*Multilateral Investment Guarantee Agency* / Badan Penjamin Investasi Multilateral
MNE	*Multinational Enterprise* / Perusahaan Multinasional
NCP	*National Contact Point* / Poin Kontak Nasional
NGO	*Non-governmental Organisation* / Lembaga Swadaya
OEC	*Organisation for Economic Co-operation and Development* / Organisasi Kerja Sama Ekonomi dan Pengembangan
OIE	*World Organization for Animal Health* / Organisasi Dunia untuk Kesehatan Hewan
PRAI	Prinsip-Prinsip Investasi Pertanian yang Bertanggung Jawab (*Principles for Responsible Agricultural Investment*) yang menghormati hak, mata pencaharian, dan sumber daya yang dikembangkan oleh FAO, Dana Internasional untuk Pembangunan Pertanian (IFAD), Konferensi PBB tentang Perdagangan dan Pembangunan (UNCTAD), dan Bank Dunia
RBC	*Responsible Business Conduct* / Perilaku Bisnis yang Bertanggung Jawab
VGGT	Pedoman Sukarela mengenai Tata Kelola Kepemilikan Lahan, Perikanan, dan Hutan dalam Mewujudkan Ketahanan Pangan Nasional
UN	*United Nations* / Perserikatan Bangsa-Bangsa (PBB)
UNCTAD	*United Nations Conference on Trade and Development* / Konferensi Perserikatan Bangsa-Bangsa mengenai Perdagangan dan Pembangunan
US	*United States* / Amerika Serikat
USD	*United States Dollar* / Dolar Amerika Serikat
WB	*World Bank* / Bank Dunia
WHO	*World Health Organization* / Organisasi Kesehatan Dunia

Prakata

Panduan OECD FAO untuk Rantai Pemasok Agrikultura yang Bertanggung Jawab menanggapi kebutuhan genting akan perilaku bisnis yang bertanggung jawab untuk perusahaan yang beroperasi dalam sektor agrikultura. Investasi dalam agrikultura telah berkembang dalam beberapa tahun terakhir dan diharapkan untuk terus tumbuh seiring sektor berkembang untuk memenuhi permintaan yang meningkat. Seiring tumbuhnya investasi di sektor ini, kesadaran bahwa perusahaan harus bertanggung jawab juga harus tumbuh. Standar perilaku bisnis yang bertanggung jawab di sepanjang rantai pemasok agrikultura penting untuk memastikan bahwa manfaatnya tersebar luas dan agrikultura terus memenuhi berbagai fungsinya seperti ketahanan pangan, pemberantasan kemiskinan, dan pertumbuhan ekonomi.

Panduan OECD-FAO dikembangkan selama periode Oktober 2013 hingga September 2015 di bawah pengawasan Kelompok Penasihat multi-pemangku kepentingan, termasuk perwakilan dari anggota OECD dan bukan anggota OECD, sektor swasta, serta masyarakat sipil. Kelompok Penasihat diketuai oleh David Hegwood, Kepala Keterlibatan dan Strategi Global, Biro Ketahanan Pangan di USAID. Tiga Wakil Ketua mewakili berbagai kelompok pemangku kepentingan: Mella Frewen, Direktur Jenderal FoodDrinkEurope; Bernd Schanzenbaecher, Pendiri dan Mitra Pengelolaan EBG Capital; dan Kris Genovese, Peneliti Senior di Pusat Riset Perusahaan Multinasional (SOMO) dan Koordinator Bersama OECD Watch.

Dalam proses perumusannya, Kelompok Penasihat mengadakan tiga pertemuan tatap muka dan tiga konsultasi melalui panggilan konferensi. Pertemuan pertama diadakan pada 16 Oktober 2013 dan pertemuan selanjutnya diadakan pada 26 Juni 2014 dan 16 Maret 2015. Selain itu, pertemuan bersama dengan Kelompok Penasihat mengenai Keterlibatan Pemangku Kepentingan yang Berpengaruh dalam Sektor Ekstraktif juga diadakan pada 18 Juni 2015 untuk membahas persetujuan atas dasar informasi awal tanpa paksaan. Panggilan konferensi dilaksanakan pada 10 Februari 2014, 28 Mei 2014, dan 7 Januari 2015. Konsultasi publik secara online diadakan pada Januari dan Februari 2015 untuk mengumpulkan komentari dari pemangku kepentingan yang lebih luas mengenai draf Panduan.

Panduan OECD-FAO juga mendapat manfaat dari kesimpulan dari Forum Global mengenai Perilaku Bisnis yang Bertanggung Jawab yang diadakan tahun 2014 dan 2015. Pada 27 Juni 2014, sesi khusus mengenai rantai pemasok agrikultura yang bertanggung jawab mengidentifikasi risiko utama yang dihadapi perusahaan saat berinvestasi di rantai pemasok agrikultura dan membahas tindakan yang perlu diambil oleh pemerintah dan perusahaan untuk memitigasi risiko tersebut serta memastikan bahwa investasi pada sektor agrikultura memberikan manfaat bagi negara asal dan tuan rumah serta investor. Pada 19 Juni 2015, diskusi panel membahas lebih jauh tentang peran dan tanggung jawab berbagai jenis perusahaan yang beroperasi di sepanjang rantai pemasok agrikultura serta cara mereka dapat bekerja sama untuk melaksanakan uji tuntas.

Keberagaman sudut pandang yang berasal dari dalam Kelompok Penasihat berkontribusi untuk pengembangan dokumen panduan yang menekankan rasa hormat terhadap hak-hak semua pemangku kepentingan yang terkena dampak merugikan oleh operasi di sepanjang rantai pemasok agrikultura, menjelaskan peran dan tanggung jawab perusahaan yang beroperasi di sepanjang rantai pemasok ini, serta mengusulkan pendekatan praktis untuk memitigasi risiko yang dihadapi oleh perusahaan. Kami percaya Panduan OECD-FAO ini akan menjadi alat yang bermanfaat untuk memandu perusahaan melaksanakan uji tuntas mereka. Kami yakin panduan ini juga akan mempromosikan kepatuhan terhadap standar saat ini yang dipertimbangkan dalam pengembangannya.

David Hegwood

Ketua Kelompok Penasihat Multi-Pemangku Kepentingan

dan Kepala, Keterlibatan dan Strategi Global, Biro Ketahanan Pangan, USAID

Rekomendasi Dewan Pimpinan mengenai Panduan OECD-FAO untuk Rantai Pemasok Agrikultura yang Bertanggung Jawab

13 Juli 2016

DEWAN PIMPINAN,

MENGACU pada Pasal 5 b) Konvensi tentang Organisasi untuk Kerja Sama Ekonomi dan Pengembangan 14 Desember 1960;

MENGACU pada Deklarasi tentang Investasi Internasional dan Perusahaan Multinasional [C(76)99/FINAL], Keputusan Dewan Pimpinan tentang Pedoman OECD untuk Perusahaan Multinasional [C(2000)96/FINAL sebagaimana diubah oleh C/MIN(2011)11/FINAL] (selanjutnya disebut "Keputusan tentang Pedoman"), Konvensi Pemberantasan Suap Pejabat Publik Asing dalam Transaksi Bisnis Internasional, Rekomendasi Dewan Pimpinan tentang Panduan Uji Tuntas untuk Rantai Pemasok Mineral yang Bertanggung Jawab dari Wilayah Terdampak Konflik dan Berisiko Tinggi [C/MIN(2011)12/FINAL sebagaimana diubah oleh C(2012)93], dan Rekomendasi Dewan Pimpinan tentang Kerangka Kebijakan untuk Investasi [C(2015)56/REV1];

MENGINGAT bahwa tujuan umum pemerintah merekomendasikan kepatuhan terhadap Pedoman untuk Perusahaan Multinasional (selanjutnya disebut "Pedoman") adalah untuk mempromosikan perilaku bisnis yang bertanggung jawab;

MENGINGAT LEBIH LANJUT bahwa Keputusan tentang Pedoman tersebut menetapkan bahwa Komite Investasi harus, bekerja sama dengan Poin Kontak Internasional, mengupayakan agenda proaktif untuk kolaborasi bersama para pemangku kepentingan dalam rangka mempromosikan kepatuhan yang efektif oleh perusahaan-perusahaan terhadap prinsip-prinsip dan standar yang terkandung dalam Pedoman ini berkenaan dengan produk, wilayah, sektor, atau industri;

MEMPERTIMBANGKAN upaya dari komunitas internasional, khususnya Organisasi Komite Ketahanan Pangan Dunia dan Organisasi Pangan dan Pertanian PBB (FAO), untuk mempromosikan investasi yang bertanggung jawab dalam bidang sistem pangan dan agrikultura serta tata kelola kepemilikan lahan, perikanan, dan hutan yang bertanggung jawab;

MENGAKUI bahwa membangun rantai pemasok agrikultura yang bertanggung jawab sangat penting untuk pembangunan berkelanjutan;

MENGAKUI bahwa pemerintah, perusahaan, organisasi masyarakat sipil, dan organisasi internasional dapat memanfaatkan kompetensi dan peran mereka masing-masing untuk membangun rantai pemasok agrikultura yang bertanggung jawab yang bermanfaat bagi masyarakat luas;

MENEKANKAN bahwa uji tuntas adalah proses yang berkelanjutan, proaktif, dan reaktif di mana perusahaan dapat memastikan bahwa mereka mematuhi standar yang didukung pemerintah untuk rantai pemasok agrikultura yang bertanggung jawab terkait dengan hak asasi manusia, hak-hak pekerja, kesehatan dan keselamatan, ketahanan pangan dan gizi, hak kepemilikan, kesejahteraan hewan, perlindungan lingkungan dan penggunaan sumber daya alam, tata kelola, serta teknologi dan inovasi;

MENGACU pada Panduan OECD-FAO untuk Rantai Pemasok Agrikultura yang Bertanggung Jawab [C(2016)83/ADD1] (selanjutnya disebut "Panduan"), yang dapat dimodifikasi sebagaimana mestinya oleh Komite Investasi dan Komite Agrikultura bekerja sama dengan FAO;

MENEKANKAN bahwa Panduan ini mengusulkan model kebijakan perusahaan yang menguraikan isi dari standar saat ini untuk rantai pemasok agrikultura yang bertanggung jawab dan kerangka kerja lima langkah uji tuntas yang menjelaskan langkah-langkah yang harus diikuti perusahaan untuk mengidentifikasi, menganalisis, memitigasi, dan menjelaskan cara mengatasi dampak merugikan aktual dan potensial terkait dengan aktivitas atau hubungan bisnis mereka;

Atas usulan dari Komite Investasi dan Komite Agrikultura:

I. **MEREKOMENDASIKAN** bahwa Anggota dan bukan Anggota yang mengikuti Rekomendasi ini (selanjutnya disebut "Pengikut") dan, jika sesuai, Poin Kontak Nasional mereka untuk Pedoman (selanjutnya disebut "NCP"), secara aktif mempromosikan penggunaan Panduan oleh perusahaan yang beroperasi di dalam atau dari wilayah mereka dengan tujuan untuk memastikan bahwa mereka mematuhi standar yang disepakati secara internasional untuk perilaku bisnis yang bertanggung jawab dalam rantai pemasok agrikultura untuk mencegah dampak merugikan dari kegiatan mereka dan berkontribusi pada pembangunan yang berkelanjutan, serta khususnya pemberantasan kemiskinan, ketahanan pangan, dan kesetaraan gender;

II. **MEREKOMENDASIKAN**, khususnya, bahwa Pengikut mengambil langkah-langkah untuk secara aktif mendukung adopsi model kebijakan perusahaan oleh perusahaan yang beroperasi di dalam atau dari wilayah mereka dan integrasi ke dalam sistem manajemen perusahaan pada kerangka kerja lima langkah untuk uji tuntas berbasis risiko di seluruh rantai pemasok agrikultura yang ditetapkan dalam Panduan;

III. **MEREKOMENDASIKAN** bahwa Pengikut dan jika relevan NCP mereka, dengan dukungan dari Sekretariat OECD, termasuk melalui kegiatannya bersama PBB dan organisasi pembangunan internasional, memastikan penyebaran seluas mungkin dari Panduan dan penggunaan aktifnya oleh berbagai pemangku kepentingan, yang meliputi perusahaan hilir dan hulu di lahan pertanian, komunitas dan organisasi masyarakat sipil terdampak, serta secara teratur melaporkannya kepada Komite Investasi dan Komite Agrikultura mengenai segala penyebaran dan pelaksanaan kegiatan;

IV. **MENGUNDANG** Pengikut dan Sekretaris Jenderal untuk menyebarkan Rekomendasi ini;

V. **MENGUNDANG** bukan Pengikut untuk memperhatikan dan mematuhi Rekomendasi yang ada saat ini;

VI. **MENGINSTRUKSIKAN** Komite Investasi dan Komite Agrikultura untuk memantau pelaksanaan Rekomendasi dan untuk melaporkan kepada Dewan Pimpinan selambat-lambatnya lima tahun setelah adopsi dan sebagaimana mestinya, setelahnya.

1. Pendahuluan

Latar Belakang

Sektor agrikultura,[1] dengan lebih dari 570 juta lahan pertanian di dunia, harus terus menarik investasi lebih besar lagi. Hal ini terutama terjadi di Asia Selatan dan Sub-Sahara Afrika dengan stok modal pertanian per pekerja relatif rendah masing-masing sebesar USD 1.700 dan USD 2.200, dibandingkan dengan USD 16.500 di Amerika Latin dan Karibia serta USD 19.000 di Eropa dan Asia Tengah (FAO, 2012, dan 2014). Dalam sepuluh tahun mendatang, harga produk agrikultura diproyeksikan akan tetap pada level yang lebih tinggi daripada tahun-tahun sebelum lonjakan harga tahun 2007-08 karena permintaan pangan meningkat didorong oleh pertumbuhan populasi, pendapatan yang lebih tinggi, dan perubahan pola makan. Permintaan produk nonpangan juga akan meningkat (OECD/FAO, 2015).

Perusahaan yang beroperasi di sepanjang rantai pemasok agrikultura dapat membuat kontribusi yang signifikan pada pembangunan yang berkelanjutan dengan membuat lapangan kerja dan menghadirkan ahli, teknologi, dan kemampuan pembiayaan untuk meningkatkan produksi agrikultura secara berkelanjutan dan meningkatkan rantai pemasok. Hal ini dapat meningkatkan ketahanan pangan dan gizi serta membantu mencapai sasaran pengembangan negara tuan rumah. Prinsip-prinsip perilaku bisnis yang bertanggung jawab (RBC) yang telah disetujui secara internasional[2] bertujuan untuk memastikan bahwa perusahaan berkontribusi pada pembangunan yang berkelanjutan. Prinsip-prinsip ini telah digunakan oleh sebagian besar perusahaan. Risiko dari tidak dipatuhinya prinsip-prinsip ini dapat diperburuk karena pelaku baru, seperti investor institusi, makin terlibat dalam rantai pemasok agrikultura dan makin banyak investor menargetkan pasar baru, termasuk di negara dengan kerangka kerja tata kelola yang lemah.

Memberikan panduan pada perusahaan yang terlibat dalam rantai pemasok agrikultura mengenai cara mematuhi standar RBC saat ini[3] sangat penting untuk menghindari dampak merugikan dan memastikan bahwa investasi agrikultura memberikan manfaat bagi perusahaan,[4] pemerintah, dan masyarakat, serta berkontribusi pada pembangunan yang berkelanjutan, dan secara khusus pemberantasan kemiskinan, ketahanan pangan, serta kesetaraan gender. Rentang perusahaan yang menjadi target dari Panduan untuk Rantai Pemasok Agrikultura yang Bertanggung Jawab ini (selanjutnya disebut "Panduan") meliputi perusahaan yang terlibat langsung dalam produksi agrikultura, seperti produsen berskala kecil, serta pelaku lain yang terlibat melalui hubungan bisnis,[5] seperti dana investasi, dana kekayaan negara, atau bank.[6]

Tujuan

Panduan ini dimaksudkan untuk membantu perusahaan mematuhi standar RBC saat ini di sepanjang rantai pemasok agrikultura,[7] termasuk Pedoman OECD untuk Perusahaan Multinasional (Pedoman OECD). Panduan ini bertujuan untuk menghindari risiko dampak merugikan pada lingkungan, sosial, dan HAM, dengan memberikan pelengkap yang sekiranya bermanfaat untuk pekerjaan Poin Kontak Nasional (NCP) yang ditugaskan untuk meningkatkan efektivitas Pedoman OECD (lihat Kotak 1.1). Panduan ini dapat membantu pemerintah, khususnya NCP, dalam upaya mereka untuk mempromosikan Pedoman OECD dan dalam memperjelas standar saat ini di sektor agrikultura.

Panduan ini merujuk pada standar saat ini untuk membantu perusahaan mematuhinya dan melakukan uji tuntas berbasis risiko. Ini hanya merujuk pada bagian dari Pedoman OECD dan standar lain yang paling relevan dengan rantai pemasok agrikultura serta tidak bertujuan untuk menggantikannya. Oleh karena itu, perusahaan harus merujuk secara langsung pada setiap standar ini sebelum membuat klaim terkait dengan ketaatan mereka. Tidak semua pengikut Deklarasi Investasi Internasional dan Perusahaan Multinasional, di mana Pedoman OECD merupakan bagian integral, atau anggota FAO mendukung standar yang dipertimbangkan dalam Panduan ini.

Ruang Lingkup

Panduan ini mempertimbangkan standar saat ini yang relevan untuk perilaku bisnis yang bertanggung jawab di sepanjang rantai pemasok agrikultura, yang meliputi:

- Pedoman OECD untuk Perusahaan Multinasional (Pedoman OECD)
- Prinsip-Prinsip Investasi yang Bertanggung Jawab dalam Sistem Agrikultura dan Pangan dari Komite Ketahanan Pangan Dunia (Prinsip CFS-RAI)
- Pedoman Sukarela mengenai Tata Kelola Kepemilikan Lahan, Perikanan, dan Hutan dalam Mewujudkan Ketahanan Pangan Nasional dari Komite Ketahanan Pangan Dunia (VGGT)
- Prinsip-Prinsip Investasi Pertanian yang Bertanggung Jawab yang Menghormati Hak, Mata Pencaharian, dan Sumber Daya yang dikembangkan oleh FAO, Dana Internasional untuk Pembangunan Pertanian (IFAD), Konferensi PBB tentang Perdagangan dan Pembangunan (UNCTAD), dan Bank Dunia (PRAI)
- Prinsip-Prinsip Panduan tentang Bisnis dan Hak Asasi Manusia [Melaksanakan Kerangka Kerja 'Perlindungan, Penghormatan, dan Pemulihan' PBB] (Prinsip Panduan PBB)
- Deklarasi Tripartit Organisasi Perburuhan Internasional tentang Prinsip-prinsip mengenai Perusahaan Multinasional dan Kebijakan Sosial (Deklarasi ILO MNE)
- Konvensi Keanekaragaman Hayati (CBD), yang meliputi Pedoman Sukarela Akwé: Kon
- Konvensi Akses atas Informasi, Partisipasi Publik dalam Pengambilan Keputusan, dan Akses atas Keadilan dalam Hal Lingkungan dari Komisi Ekonomi PBB untuk Eropa (Konvensi Aarhus).

Standar di atas memenuhi tiga kriteria yang dibuat oleh Kelompok Penasihat:[8] standar tersebut telah dirundingkan dan/atau didukung melalui proses antarpemerintahan; standar tersebut relevan dengan rantai pemasok agrikultura; dan standar tersebut secara khusus menargetkan komunitas bisnis/investor. Empat standar utama yang dipertimbangkan dalam Panduan ini dijabarkan lebih lanjut pada Kotak 1.1. Panduan ini juga mempertimbangkan standar berikut yang tidak memenuhi kriteria ini tetapi digunakan secara luas sejauh konsisten dengan standar yang tercantum di atas:

- Standar Kinerja Perusahaan Keuangan Internasional
- Prinsip-Prinsip Global Compact PBB.

Instrumen tambahan, seperti perjanjian hak asasi manusia PBB, juga menjadi acuan jika relevan dengan pelaksanaan standar di atas. Selain itu, perusahaan juga dirasa perlu untuk merujuk pada standar lain yang belum dipertimbangkan dalam Panduan ini untuk peralatan dan panduan yang lebih spesifik: daftar standar tersebut tersedia secara online.[9]

Kotak 1.1. **Deskripsi standar utama yang dipertimbangkan dalam Panduan**

Pedoman OECD untuk Perusahaan Multinasional *(Pedoman OECD)*: Pedoman OECD merupakan salah satu empat bagian Deklarasi OECD 1976 tentang Investasi Internasional dan Perusahaan Multinasional, di mana Pengikut berkomitmen untuk memberikan lingkungan investasi internasional yang transparan dan untuk mendorong kontribusi positif dari perusahaan multinasional (MNE) untuk kemajuan ekonomi dan sosial. Saat ini ada 46 Pengikut Deklarasi ini - 34 ekonomi OECD dan 12 ekonomi non-OECD.[1] Pedoman OECD telah direvisi beberapa kali, dan yang paling baru adalah pada tahun 2011. Pedoman ini merupakan rangkaian rekomendasi dukungan pemerintah yang paling komprehensif tentang apa yang dimaksud dengan RBC. Pedoman ini mencakup sembilan area utama RBC: pengungkapan informasi, hak asasi manusia, ketenagakerjaan dan hubungan industri, lingkungan, suap dan korupsi, minat konsumen, ilmu pengetahuan dan teknologi, persaingan, dan perpajakan. Pedoman ini ditujukan oleh pemerintah kepada MNE yang beroperasi di dalam dan dari Pengikut. Setiap Pengikut harus menyiapkan NCP untuk meningkatkan efektivitas Pedoman dengan melakukan kegiatan promosi, menanggapi pertanyaan, dan berkontribusi pada penyelesaian masalah yang muncul terkait dengan pelaksanaan Pedoman dalam kasus tertentu. Pedoman ini adalah instrumen internasional pertama untuk mengintegrasikan tanggung jawab perusahaan untuk menghormati hak asasi manusia sebagaimana ditetapkan dalam Prinsip-Prinsip Panduan PBB dan untuk memasukkan uji tuntas berbasis risiko ke dalam area utama etika bisnis sehubungan dengan dampak merugikan.[2]

Prinsip-Prinsip Investasi yang Bertanggung Jawab dalam Sistem Pangan dan Agrikultura *(Prinsip CFS-RAI)*: Prinsip-prinsip ini dikembangkan melalui perundingan antarpemerintahan yang dipimpin oleh Komite Ketahanan Pangan Dunia (CFS) dari tahun 2012 hingga 2014 dan melibatkan organisasi masyarakat sipil, sektor swasta, peneliti, dan organisasi internasional. Prinsip-prinsip ini disahkan oleh CFS pada 15 Oktober 2014 pada sesi ke-41. Prinsip-prinsip ini bersifat sukarela dan tidak mengikat serta ditujukan untuk semua jenis investasi dalam sistem pangan dan agrikultura. Prinsip-prinsip ini berisi sepuluh prinsip yang berkaitan dengan: ketahanan pangan dan gizi; pengembangan ekonomi dan pemberantasan kemiskinan yang inklusif dan berkelanjutan; kesetaraan gender dan pemberdayaan perempuan; generasi muda; kepemilikan tanah, perikanan, dan hutan serta akses air bersih; pengelolaan sumber daya alam yang berkelanjutan; warisan budaya, pemahaman tradisi, keberagaman, dan inovasi, agrikultura yang aman dan sehat; struktur tata kelola, proses, dan mekanisme pengaduan yang inklusif dan transparan; dampak dan pertanggungjawaban. Bagian tambahan menjelaskan peran dan tanggung jawab pemangku kepentingan.

Pedoman Sukarela mengenai Tata Kelola Kepemilikan Lahan, Perikanan, dan Hutan dalam Mewujudkan Ketahanan Pangan Nasional dari Komite Ketahanan Pangan Dunia *(VGGT):* VGGT merupakan pedoman global pertama mengenai tata kelola kepemilikan. Pedoman ini dikembangkan melalui perundingan antarpemerintahan yang dipimpin oleh CFS serta melibatkan organisasi masyarakat sipil, sektor swasta, akademisi dan peneliti, serta organisasi internasional. Pedoman ini disahkan oleh CFS pada Sesi (Khusus) ke-38 tanggal 11 Mei 2012. VGGT telah diakui secara global dan pelaksanaannya telah didukung oleh G20 dan pada Deklarasi +20 Rio. Pada 21 Desember 2012, Sidang Umum PBB: menyambut baik hasil Sesi (Khusus) ke-38 CFS yang mengesahkan VGGT; mendorong negara-negara untuk mempertimbangkan pelaksanaannya; dan meminta entitas PBB terkait untuk memastikan distribusi dan promosi secepat mungkin.[3] Pedoman ini menyajikan kerangka kerja referensi untuk meningkatkan tata kelola kepemilikan lahan pertanian, perikanan, dan hutan yang mendukung ketahanan pangan serta berkontribusi untuk upaya nasional dalam memberantas kelaparan dan kemiskinan. Menyadari peran sentral lahan dalam pembangunan, pedoman ini mempromosikan hak kepemilikan yang aman dan akses yang adil atas lahan, perikanan, dan hutan. Pedoman ini menetapkan prinsip-prinsip dan praktik yang diakui secara internasional yang dapat memandu persiapan serta pelaksanaan kebijakan dan aturan terkait dengan tata kelola kepemilikan. Pedoman ini membangun dan mendukung *Pedoman Sukarela untuk Mendukung Perwujudan Progresif Hak atas Pangan yang Cukup Dalam Rangka Ketahanan Pangan Nasional,* yang diadopsi oleh Dewan Pimpinan FAO pada November 2004.

Kotak 1.1. **Deskripsi standar utama yang dipertimbangkan dalam Panduan** *(lanjutan)*

Prinsip-Prinsip Investasi Agrikultura yang Bertanggung Jawab yang Menghormati Hak, Mata Pencaharian, dan Sumber Daya *(PRAI)*: Kelompok Kerja Antarlembaga (Inter-Agency Working Group/IAWG) yang terdiri dari IFAD, FAO, UNCTAD, dan Bank Dunia mengadakan konferensi meja bundar selama Sidang Umum PBB pada September 2009 yang membahas 'Mempromosikan Investasi Internasional dalam Bidang Agrikultura' untuk mempresentasikan tujuh prinsip dan kemudian menerbitkan versi sinopsis pada Februari 2010. Tujuh prinsip ini berfokus pada: hak atas lahan dan sumber daya; ketahanan pangan; transparansi, tata kelola yang baik, dan lingkungan yang memungkinkan; konsultasi dan partisipasi; investasi perusahaan agrikultura yang bertanggung jawab; keberlanjutan sosial; dan keberlanjutan lingkungan.[4] Di KTT Seoul pada November 2010, G20 mendorong 'semua negara dan perusahaan untuk menegakkan Prinsip-Prinsip Investasi Agrikultura yang Bertanggung Jawab' sebagai bagian dari rencana tindakan beberapa tahun untuk pembangunan. IAWG menyerahkan laporan mengenai PRAI dan Rencana Tindakan mengenai Opsi untuk Mempromosikan Investasi yang Bertanggung Jawab dalam Agrikultura kepada G20 pada 2011 dan G8 pada 2012.[5] G20 setuju dengan pendekatan jalur kembar sebagai langkah maju untuk menguji coba PRAI dan menggunakan pelajaran yang didapat untuk menyampaikan informasi perihal berbagai proses konsultasi. Pada Oktober 2012, IAWG menyerahkan laporan progres rencana tindakannya dengan referensi khusus untuk pengujian lapangan PRAI dengan negara dan perusahaan tuan rumah.[6] Yang terbaru, Laporan Pertanggungjawaban Saint Petersburg 2013 mengenai Komitmen Pembangunan G20 'menyambut baik progres dari proyek uji coba pengujian lapangan PRAI di beberapa negara Afrika dan Asia Tenggara'.

1. Per Februari 2016, negara-negara ini adalah Argentina, Brasil, Kolombia, Kosta Rika, Mesir, Yordania, Latvia, Lituania, Maroko, Peru, Rumania, dan Tunisia.
2. Uji tuntas berlaku untuk semua bab di dalam Pedoman ini, kecuali ilmu pengetahuan dan teknologi, persaingan, dan perpajakan.
3. www.un.org/News/Press/docs//2012/ga11332.doc.htm.
4. Teks PRAI dapat diunduh di www.responsibleagroinvestment.org.
5. Kelompok Kerja Antarlembaga tentang Pilar Ketahanan Pangan pada Rencana Tindakan Beberapa Tahun G20 untuk Pembangunan, 'Opsi untuk Mempromosikan Investasi yang Bertanggung Jawab dalam Bidang Agrikultura', Laporan kepada Kelompok Kerja Tingkat Tinggi, September 2011.
6. Kelompok Kerja Antarlembaga tentang Prinsip-Prinsip Investasi Agrikultura yang Bertanggung Jawab, Laporan sintesis pengujian lapangan Prinsip-Prinsip Investasi Agrikultura yang Bertanggung Jawab, Oktober 2012.

Target pengguna

Meskipun petani dianggap sebagai investor terbesar dalam bidang agrikultura dasar, Panduan ini menargetkan semua perusahaan yang beroperasi di sepanjang rantai pemasok agrikultura seperti yang dirinci dalam Gambar 1.1, termasuk perusahaan domestik dan asing, swasta dan publik, kecil, menengah, dan besar, yang disebut sebagai 'perusahaan' di seluruh Panduan.[10] Panduan ini juga dapat digunakan oleh pemerintah, khususnya NCP, untuk memahami lebih dalam dan mempromosikan standar saat ini dalam rantai pemasok agrikultura. Lebih jauh lagi, panduan ini juga dapat membantu masyarakat terdampak memahami apa yang mereka harapkan dari pelaku yang disebutkan di atas yang akhirnya memastikan bahwa hak mereka dihormati.

Proses

Panduan ini dikembangkan oleh FAO dan OECD melalui proses konsultasi inklusif yang dipimpin oleh Kelompok Penasihat multi-pemangku kepentingan yang dibentuk pada Oktober 2013.[11] Kelompok Penasihat ini terdiri dari perwakilan anggota OECD dan non-OECD, investor institusi, perusahaan agri-pangan, organisasi petani, organisasi masyarakat sipil, dan organisasi internasional. Tugasnya adalah sebagai berikut:

- Memberikan masukan substantif untuk pengembangan Panduan.
- Membantu proses konsultasi secara luas dengan pemangku kepentingan terkait lainnya, termasuk dengan memberikan masukan dan berpartisipasi dalam proses multi-pemangku kepentingan, khususnya pertemuan Kelompok Kerja Terbuka CFS-RAI.
- Memberikan masukan substantif mengenai tindakan tindak lanjut untuk mempromosikan dan melaksanakan Panduan secara efektif.

Sekretariat FAO dan OECD mengoordinasikan proses konsultasi bekerja sama dengan Kelompok Penasihat dan di bawah kepemimpinan Ketua dan Wakilnya. Kelompok Kerja OECD untuk Perilaku Bisnis yang Bertanggung Jawab, badan turunan dari Komite Investasi, dan Kelompok Kerja untuk Kebijakan dan Pasar Agrikultura, badan turunan dari Komite OECD untuk Agrikultura, telah dikonsultasikan secara rutin.

Konsep utama

Rantai pemasok agrikultura

Rantai pemasok agrikultura merujuk pada sistem yang meliputi semua kegiatan, organisasi, pelaku, teknologi, informasi, sumber daya, dan layanan yang terlibat dalam produksi produk agri-pangan untuk pasar konsumen. Rantai ini mencakup sektor hulu dan hilir agrikultura mulai dari pemasok input agrikultura (seperti benih, pupuk, pakan, obat, atau perlengkapan) untuk produksi, penanganan pascapanen, pemrosesan, pengangkutan, pemasaran, distribusi, dan penjualan. Rantai ini juga meliputi dukungan seperti penyuluhan, riset dan pengembangan, serta informasi pasar. Dengan demikian, rantai ini terdiri dari berbagai perusahaan, mulai dari petani kecil, organisasi petani, koperasi, dan perusahaan rintisan hingga MNE melalui perusahaan induk atau afiliasi lokal mereka, dana dan badan usaha milik negara, pelaku keuangan swasta, serta yayasan swasta. Beberapa pelaku telah masuk ke sektor ini dalam beberapa tahun belakangan.

Struktur rantai pemasok dan perusahaan yang terlibat pada setiap tahapan sangat beragam di seluruh produk dan geografis.[12] Memetakan perusahaan yang beroperasi di sepanjang rantai pemasok agrikultura pada akhirnya harus dilakukan menurut basis kasus per kasus, dengan maksud untuk lebih memahami hubungan dan informasi serta alur pembiayaan di antara perusahaan ini dan untuk merancang audit dengan lebih baik. Untuk tujuan Panduan ini, struktur rantai pemasok yang disederhanakan disajikan pada Gambar 1.1.

Perusahaan saling berkaitan melalui hubungan dan rancangan yang beragam. Perusahaan hilir dapat terikat dalam berbagai jenis hubungan dengan perusahaan di lokasi pertanian untuk mengamankan akses atas produk agrikultura. Mereka dapat menentukan standar dan spesifikasi pada produsen dengan sedikit keterlibatan di luar kontrak pembelian. Namun, mereka juga dapat lebih terlibat secara aktif, khususnya melalui kontrak pertanian, untuk mengoordinasikan produksi dan memastikan kualitas serta keamanan.[13] Perusahaan keuangan dapat terlibat lebih secara tidak langsung dengan memberikan modal pada perusahaan di lokasi pertanian atau perusahaan hilir, melalui investasi greenfield atau brownfield, usaha patungan atau merger, dan akuisisi. Kategori ini sering kali sulit untuk digambarkan dalam praktiknya. Sebagai contoh, mitra sering kali memiliki atau mengelola perlengkapan pertanian serta aset hilir (mis. pabrik gula) dan dengan demikian dapat dianggap tidak hanya sebagai perusahaan di lokasi pertanian tetapi juga perusahaan hilir.

Gambar 1.1. **Berbagai tahapan rantai pemasok agrikultura dan perusahaan yang terlibat**

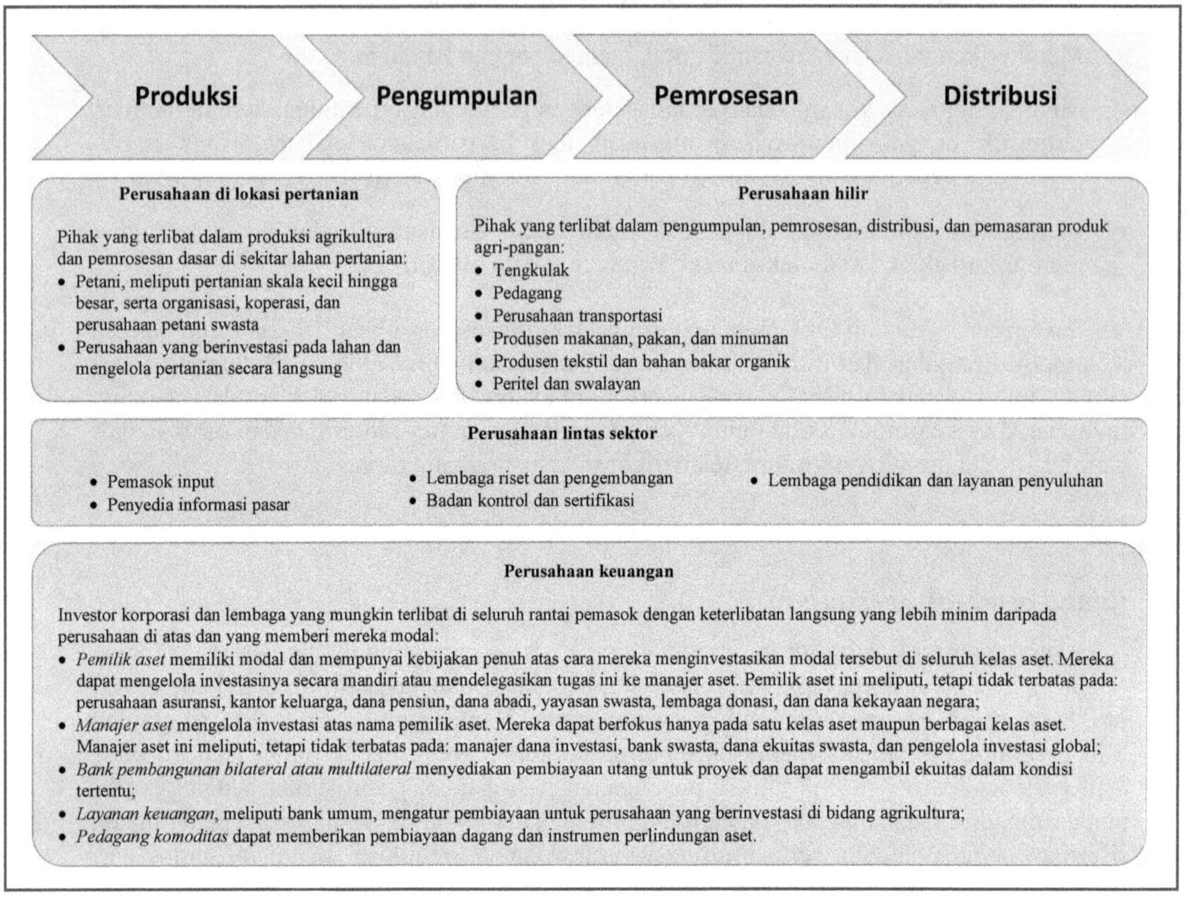

Catatan: Diagram ini hanya untuk referensi dan tidak bertujuan untuk memberikan gambaran menyeluruh.

Gambar 1.2. **Risiko pada berbagai tahapan rantai pemasok agrikultura**

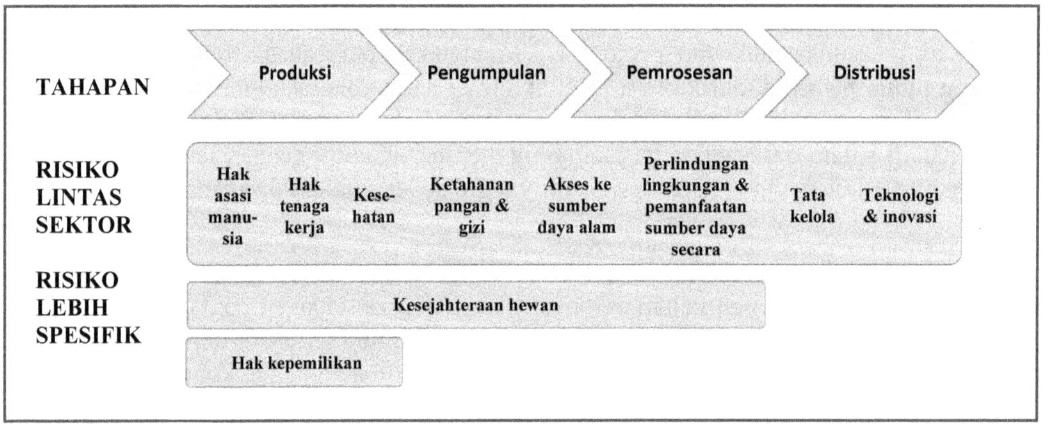

Tergantung pada situasi mereka di sepanjang rantai pemasok, perusahaan dapat berfokus pada risiko tertentu (Gambar 1.2). Sebagai contoh, perusahaan di lokasi pertanian menghadapi risiko yang lebih tinggi terkait dengan hak kepemilikan. Oleh karena itu, mereka harus berfokus terutama pada pelaksanaan konsultasi dengan itikad baik, efektif, dan bermakna pemegang hak kepemilikan.

Uji tuntas

Uji tuntas dipahami sebagai proses di mana perusahaan dapat mengidentifikasi, menganalisis, memitigasi, mencegah, dan mempertimbangkan bagaimana mereka menangani dampak merugikan aktual dan potensial dari kegiatan mereka sebagai bagian integral dari pengambilan keputusan bisnis dan sistem manajemen risiko.[14] Hal ini menyangkut dampak merugikan yang disebabkan atau diberikan oleh perusahaan serta dampak merugikan yang terkait langsung dengan operasi, produk, atau layanan mereka melalui hubungan bisnis (lihat Kotak 1.2) untuk detail lebih lanjut.

Kotak 1.2. **Menangani dampak merugikan**

Di dalam Pedoman OECD, perusahaan harus 'menghindari penyebab atau kontribusi atas dampak merugikan pada hal-hal yang dicakup dalam Pedoman, melalui kegiatan mereka, dan menangani dampak tersebut jika benar-benar terjadi.' Perusahaan juga harus 'berusaha mencegah atau memitigasi dampak merugikan di mana mereka tidak berkontribusi pada dampak tersebut, jika dampak tersebut terkait langsung dengan operasi, produk, maupun layanan mereka melalui hubungan bisnis. Hal ini tidak dimaksudkan untuk mengalihkan tanggung jawab dari entitas yang menyebabkan dampak merugikan ke perusahaan yang memiliki hubungan bisnis dengannya.' Sebagai contoh, institusi keuangan dapat berkontribusi terhadap dampak merugikan yang disebabkan oleh perusahaan penerima investasi di mana dia memiliki mayoritas atau kendali saham.

Sebuah perusahaan '*menyebabkan*' dampak merugikan jika adanya kasualitas antara operasi, produk, atau layanan perusahaan tersebut dan dampak merugikannya. Hubungan sebab-akibat dapat terjadi melalui tindakan serta kelalaian, dengan kata lain, ketidakmampuan untuk bertindak. '*Berkontribusi terhadap*' dampak merugikan harus diinterpretasikan sebagai kontribusi substansial, yang artinya kegiatan yang menyebabkan, memfasilitasi, atau mengizinkan entitas lain untuk menyebabkan dampak merugikan. Sebuah perusahaan juga dapat berkontribusi terhadap dampak merugikan jika perpaduan kegiatannya dan entitas lain menghasilkan dampak merugikan. *'Terkait langsung'* merupakan konsep yang luas dan mencakup dampak merugikan yang terkait dengan hubungan bisnis. Istilah hubungan bisnis meliputi hubungan perusahaan dengan mitra bisnis, entitas dalam rantai pemasok, dan entitas non-negara atau negara lainnya yang terkait langsung dengan operasi bisnis, produk, atau layanannya. Entitas di mana perusahaan memiliki hubungan bisnis dengannya disebut sebagai *'mitra bisnis'* di seluruh Panduan ini.

Pedoman OECD menekankan bahwa 'perusahaan harus 'mendorong, jika dapat dilakukan, mitra bisnis, termasuk pemasok dan sub-kontraktor, untuk menerapkan prinsip-prinsip RBC sesuai dengan Pedoman OECD.' Pedoman ini lebih lanjut menyatakan bahwa 'sebuah perusahaan, yang beroperasi sendiri maupun bekerja sama dengan entitas lain, sebagaimana mestinya, harus menggunakan pengaruhnya[1] untuk memengaruhi entitas yang menyebabkan dampak hak asasi manusia yang merugikan dalam mencegah atau memitigasi dampak tersebut.' Faktor-faktor yang menentukan tindakan yang sesuai meliputi 'pengaruh perusahaan terhadap entitas yang bersangkutan, seberapa krusial hubungan dengan perusahaan, tingkat keparahan dampak, dan apakah menghentikan hubungan dengan entitas itu sendiri akan memiliki dampak hak asasi manusia yang merugikan.'

Oleh karena itu, perusahaan diharapkan untuk menggunakan pengaruh mereka terhadap entitas yang berkaitan langsung dengan operasi, produk, atau layanan mereka dalam mendukung implementasi Panduan ini. Misalnya, jika mitra bisnis mereka mungkin mengambil sumber dari atau terkait dengan mitra bisnis mana pun yang melanggar hak kepemilikan yang sah, perusahaan harus bekerja sama dengan mitra untuk tindakan korektif dan, sebisa mungkin, mengakhiri hubungan bisnis jika tidak ada tindakan perbaikan yang diambil.

1. Pengaruh dianggap ada jika perusahaan memiliki kemampuan untuk melakukan tindakan pada praktik yang salah yang dilakukan oleh entitas yang menyebabkan kerugian.

Sumber: Pedoman OECD, II.A.11-13; II.A, para 14; dan IV.43; OECD (2014).

Perusahaan menganalisis risiko dengan mengidentifikasi keadaan faktual dari kegiatan dan hubungan bisnis mereka serta mengevaluasi fakta tersebut terhadap hak dan kewajiban dalam hukum serta standar nasional dan internasional, rekomendasi RBC untuk organisasi internasional, peralatan yang didukung pemerintah, inisiatif sukarela swasta, dan kebijakan serta sistem internal mereka. Uji tuntas dapat membantu perusahaan dan mitra bisnis mereka memastikan bahwa mereka mematuhi hukum internasional dan setempat serta standar RBC.

Sifat dan tingkat uji tuntas akan dipengaruhi oleh faktor-faktor seperti ukuran perusahaan, konteks dan lokasi operasinya, sifat produk atau layanannya, serta tingkat keparahan dampak merugikan aktual dan potensial.[15] Sementara itu, usaha kecil dan menengah, khususnya petani kecil, mungkin tidak memiliki kemampuan untuk melakukan uji tuntas seperti yang direkomendasikan dalam Panduan ini, mereka didorong untuk tetap terlibat dalam upaya uji tuntas pelanggan mereka untuk meningkatkan kemampuan mereka dan dapat melaksanakan uji tuntas yang tepat pada masa mendatang.

Pedoman OECD merekomendasikan untuk melaksanakan uji tuntas berbasis risiko, yang artinya sifat dan tingkat uji tuntas harus sesuai dengan jenis dan tingkat risiko dampak merugikan.[16] Tingkat dampak merugikan aktual dan potensial harus menentukan skala dan kerumitan uji tuntas yang diperlukan. Daerah dengan risiko lebih tinggi harus tunduk pada uji tuntas yang ditingkatkan. Ketika perusahaan memiliki jumlah pemasok yang banyak, mereka didorong untuk mengidentifikasi area umum di mana risiko dampak merugikan paling signifikan dan, berdasarkan pada analisis risiko ini, memprioritaskan pemasok untuk melakukan uji tuntas.[17] Pendekatan berbasis risiko tidak boleh melarang perusahaan untuk terlibat dalam konteks tertentu atau dengan mitra bisnis tertentu, tetapi harus membantu mereka dalam mengelola risiko dampak merugikan secara efektif perihal risiko yang tinggi.

Seperti yang dijabarkan pada Bagian 3, berbagai komponen uji tuntas dapat dimasukkan ke dalam kerangka kerja lima langkah berikut (Kotak 1.3).

Kotak 1.3. **Kerangka Kerja Lima Langkah untuk Uji Tuntas**

- Langkah 1: Bangun sistem manajemen perusahaan yang kuat untuk rantai pemasok yang bertanggung jawab.
- Langkah 2: Identifikasi, analisis, dan prioritaskan risiko pada rantai pemasok.
- Langkah 3: Rancang dan implementasikan strategi untuk mengatasi risiko yang telah diketahui.
- Langkah 4: Pastikan uji tuntas rantai pemasok.
- Langkah 5: Laporkan uji tuntas rantai pemasok.

Sumber: OECD (2013), *OECD Due Diligence Guidance for Responsible Supply Chains of Minerals from Conflict-Affected and High-Risk Areas: Edisi Kedua*, Bagian Penerbitan OECD, Paris, http://dx.doi.org/10.1787/9789264185050-en.

Karena perusahaan yang sama dapat mencakup berbagai tahap rantai pemasok, memastikan koordinasi yang baik di seluruh departemen dalam perusahaan dapat membantu pelaksanaan uji tuntas. Dengan memperhatikan persaingan dan masalah privasi data, perusahaan dapat melakukan uji tuntas dengan berkolaborasi dalam industri untuk memastikan bahwa proses tersebut saling memperkuat dan mengurangi biaya melalui:

- kerja sama seluruh industri, misalnya melalui inisiatif yang dibuat dan dikelola oleh organisasi industri untuk mendukung dan meningkatkan kepatuhan terhadap standar internasional[18]
- cost-sharing (berbagi biaya) di dalam industri untuk tugas uji tuntas tertentu
- koordinasi antara anggota industri yang bermitra dengan pemasok yang sama
- kerja sama antara berbagai segmen rantai pemasok, misalnya perusahaan hulu dan perusahaan hilir.

Kemitraan bersama organisasi internasional dan masyarakat sipil juga dapat mendukung uji tuntas. Program-program yang dicanangkan oleh industri menjadi sangat kredibel jika mereka melibatkan bukan hanya bisnis tetapi juga organisasi masyarakat, serikat dagang, dan para pakar terkait serta memungkinkan perumusan konsensus di antara mereka. Meskipun demikian, perusahaan tetap bertanggung jawab penuh atas uji tuntas mereka.

Struktur

Struktur Panduan ini diambil dari Panduan Uji Tuntas OECD Rantai Pemasok yang Bertanggung Jawab untuk Mineral dari Wilayah Terdampak Konflik atau Berisiko Tinggi,[19] yang menjelaskan bagaimana Panduan OECD berlaku untuk sektor tertentu dengan mengusulkan langkah-langkah uji tuntas dan tindakan mitigasi risiko. Setelah pendahuluan ini, Panduan ini meliputi:

- Bagian 1. Model kebijakan perusahaan yang menguraikan isi dari standar saat ini untuk rantai pemasok agrikultura yang bertanggung jawab.
- Bagian 2. Kerangka kerja untuk uji tuntas berbasis risiko di sepanjang rantai pemasok agrikultura.
- Lampiran A. Deskripsi risiko dan tindakan untuk mitigasi risiko di sepanjang rantai pemasok agrikultura, yang diambil dari standar saat ini.
- Lampiran B. Panduan untuk berinteraksi dengan penduduk asli.

2. Model kebijakan perusahaan untuk rantai pemasok agrikultura yang bertanggung jawab

Model kebijakan perusahaan ini menyajikan standar utama yang harus dipatuhi oleh perusahaan untuk menciptakan rantai pemasok agrikultura yang bertanggung jawab. Hal ini dilakukan dengan menguraikan bagian-bagian dari isi standar internasional yang relevan untuk rantai pemasok agrikultura yang bertanggung jawab.[20] Beberapa standar ini, mis. untuk hak asasi manusia dan hak pekerja serta ketahanan pangan, telah dimasukkan dalam undang-undang di banyak negara.

Model kebijakan perusahaan ini dapat diadopsi oleh perusahaan sebagaimana adanya, atau bagian yang relevan dapat dimasukkan dan disesuaikan dengan kebijakan mereka yang sudah ada mengenai tanggung jawab sosial perusahaan, keberlanjutan, manajemen risiko, atau alternatif setara lainnya. Penggunaan "kami" menunjukkan komitmen perusahaan itu sendiri. Saat merancang kebijakan mereka, perusahaan juga harus memastikan bahwa mereka mematuhi semua hukum negara yang berlaku dan mempertimbangkan standar internasional terkait lainnya. Mengadopsi kebijakan untuk rantai pemasok agrikultura yang bertanggung jawab adalah langkah pertama kerangka kerja uji tuntas berbasis risiko yang diuraikan dalam Bagian 3 yang menjelaskan bagaimana kebijakan tersebut dapat diimplementasikan.

Menyadari risiko dampak merugikan yang signifikan yang timbul di sepanjang rantai pemasok agrikultura, dan menyadari tanggung jawab kami untuk menghormati hak asasi manusia dan kapasitas kami untuk berkontribusi dalam pembangunan berkelanjutan, serta khususnya pemberantasan kemiskinan, ketahanan pangan dan gizi, dan kesetaraan gender, kami berkomitmen untuk mengadopsi, melaksanakan, menyebarluaskan, dan memasukkan kebijakan berikut ke dalam kontrak dan perjanjian dengan mitra bisnis untuk rantai pemasok agrikultura yang bertanggung jawab. Kami akan mendorong, jika dapat dilakukan, mitra bisnis kami untuk menerapkan kebijakan ini dan, jika mereka menyebabkan atau berkontribusi terhadap dampak merugikan, kami akan menggunakan pengaruh kami untuk mencegah atau memitigasi dampak tersebut.

1. Standar RBC lintas sektor

Analisis dampak

Kami akan terus menganalisis dan turut serta dalam pengambilan keputusan dampak aktual dan potensial dari operasi, proses, barang, dan layanan kami selama keseluruhan proses dengan maksud menghindari atau, jika tidak dapat dihindari, memitigasi segala dampak merugikan. Analisis dampak harus melibatkan perwakilan dari sejumlah kelompok pemangku kepentingan terkait.[21]

Pengungkapan

Kami akan mengungkapkan informasi secara akurat dan tepat waktu terkait dengan faktor risiko yang dapat diperkirakan dan tanggapan kami terhadap dampak lingkungan, sosial, dan hak asasi manusia tertentu kepada masyarakat yang berpotensi terkena dampak di semua tahap siklus investasi.[22] Kami juga akan memberikan informasi memadai yang akurat, jelas, dan dapat dipertanggungjawabkan agar konsumen dapat mengambil keputusan yang tepat.[23]

Konsultasi

Kami akan mengadakan konsultasi dengan itikad baik, efektif, dan bermakna bersama masyarakat melalui lembaga perwakilan mereka sebelum memulai operasi apa pun yang dapat memengaruhi mereka serta kami akan terus mengadakan konsultasi bersama mereka selama dan pada akhir operasi. Kami akan mengingat berbagai risiko yang mungkin dihadapi oleh perempuan dan laki-laki.[24]

Kami akan mengadakan konsultasi yang bermakna bersama penduduk lokal melalui lembaga perwakilan mereka untuk mendapatkan persetujuan atas dasar informasi awal tanpa paksaan[25] sesuai dengan pencapaian tujuan Deklarasi Hak-Hak Penduduk Lokal PBB dan dengan memperhatikan posisi dan pemahaman tertentu dari wilayah masing-masing.[26]

Pembagian keuntungan

Kami akan memastikan bahwa operasi kami berkontribusi pada pembangunan pedesaan yang inklusif dan berkelanjutan,[27] termasuk, jika sesuai, melalui promosi pembagian keuntungan moneter dan non-moneter yang adil dan merata bersama masyarakat yang terkena dampak dengan persyaratan yang disepakati bersama, sesuai dengan perjanjian internasional, jika berlaku untuk para pihak dalam perjanjian tersebut, mis. Ketika menggunakan sumber daya genetik untuk pangan dan agrikultura.[28]

Mekanisme pengaduan

Kami akan menyajikan mekanisme pengaduan tingkat operasional yang sah, dapat diakses, dapat diperkirakan, merata, dan transparan dalam konsultasi bersama pengguna potensial. Kami juga akan bekerja sama dalam mekanisme pengaduan non-yudisial lainnya. Mekanisme pengaduan tersebut dapat memungkinkan remediasi ketika operasi kami menyebabkan atau berkontribusi terhadap dampak merugikan karena ketidakpatuhan pada standar RBC.[29]

Gender

Kami akan membantu memberantas diskriminasi terhadap perempuan, meningkatkan partisipasi mereka yang berarti dalam pengambilan keputusan dan peran kepemimpinan, memastikan pengembangan dan kemajuan profesional mereka, serta memfasilitasi akses dan kontrol yang setara atas sumber daya alam, masukan, peralatan produktif, layanan pendampingan dan keuangan, pelatihan, pasar, serta informasi.[30]

2. Hak asasi manusia

Dalam kerangka kerja hak asasi manusia yang diakui secara internasional,[31] kewajiban hak asasi manusia internasional dari negara-negara tempat kami beroperasi serta hukum dan peraturan setempat terkait, kami akan:

- Menghormati hak asasi manusia,[32] yang artinya menghindari pelanggaran atas hak asasi orang lain serta menangani dampak merugikan pada hak asasi manusia di mana kami terlibat.
- Dalam konteks kegiatan yang kami laksanakan, berupaya agar tidak menyebabkan atau berkontribusi terhadap dampak merugikan pada hak asasi manusia serta menangani dampak tersebut jika terjadi.[33]
- Mencari cara untuk mencegah atau memitigasi dampak merugikan pada hak asasi manusia yang terkait langsung dengan operasi, produk, atau layanan kami dari hubungan bisnis, meskipun kami tidak berkontribusi terhadap dampak tersebut.[34]

- Melaksanakan uji tuntas hak asasi manusia sesuai dengan ukuran, sifat, dan konteks operasi kami dan tingkat keparahan risiko dampak merugikan pada hak asasi manusia tersebut.[35]
- Memberikan, atau bekerja sama melalui proses yang sah dalam, remediasi dampak merugikan pada hak asasi manusia jika kami mengidentifikasi bahwa kami telah menyebabkan atau berkontribusi terhadap dampak tersebut.[36]
- Dalam konteks kegiatan yang kami laksanakan, memastikan bahwa hak asasi semua orang dihormati, tanpa membedakan satu pun, seperti ras, warna kulit, jenis kelamin, bahasa, agama, pandangan politik atau pandangan lain, asal negara atau sosial, ciri-ciri, keturunan, atau status lainnya.[37]

3. Hak tenaga kerja

Kami akan menghormati standar inti ketenagakerjaan internasional dalam operasi kami, yaitu kebebasan berserikat dan hak untuk perundingan bersama, termasuk bagi pekerja migran, pemberantasan segala bentuk kerja paksa atau wajib kerja, penghapusan pekerja anak yang efektif, dan pemberantasan diskriminasi sehubungan dengan pekerjaan dan jabatan.[38]

Dalam operasi kami, kami juga akan:

- Memastikan kesehatan dan keselamatan kerja.
- Memastikan gaji, tunjangan, dan kondisi kerja yang layak, yang setidaknya cukup untuk memenuhi kebutuhan dasar pekerja dan keluarganya, serta berusaha untuk meningkatkan kondisi kerja.[39]
- Mempromosikan keamanan kerja dan bekerja sama dalam skema pemerintah untuk memberikan beberapa bentuk perlindungan pendapatan kepada pekerja yang telah diberhentikan.[40]
- Berusaha mencegah pelecehan pada pekerja migran.[41]
- Mengadopsi pendekatan, tindakan, dan proses untuk meningkatkan partisipasi perempuan yang bermakna dalam pengambilan keputusan dan peran kepemimpinan.[42]

Kami akan berkontribusi untuk merealisasikan hak untuk bekerja,[43] dengan:

- berusaha meningkatkan peluang kerja, baik secara langsung maupun tidak langsung[44]
- memastikan bahwa pelatihan yang relevan diberikan untuk semua tingkat pekerja, untuk memenuhi kebutuhan perusahaan dan kebijakan pengembangan negara tuan rumah, termasuk dengan meningkatkan produktivitas generasi muda dan/atau akses mereka atas kesempatan kerja dan kewirausahaan yang layak[45]
- memastikan perlindungan kehamilan di lingkungan kerja.[46]

4. Kesehatan dan keselamatan

Kami akan mempromosikan kesehatan publik[47] dengan:

- mengadopsi praktik yang sesuai untuk mencegah ancaman pada nyawa, kesehatan, dan kesejahteraan manusia dalam operasi kami, serta ancaman yang berasal dari konsumsi, penggunaan, atau pembuangan barang dan layanan kami, termasuk dengan mematuhi praktik terbaik dalam ketahanan pangan[48]
- berkontribusi terhadap perlindungan kesehatan dan keselamatan pada masyarakat yang terkena dampak selama siklus proses operasi kami.[49]

5. Ketahanan pangan dan gizi

Kami akan berusaha untuk memastikan bahwa operasi kami berkontribusi terhadap ketahanan pangan dan gizi. Kami akan terus memberikan perhatian pada peningkatan ketersediaan, aksesibilitas, stabilitas, dan pemanfaatan pangan yang aman, bergizi, dan beragam.[50]

6. Hak kepemilikan atas dan akses ke sumber daya alam

Kami akan menghormati pemegang hak kepemilikan yang sah[51] dan hak mereka atas sumber daya alam, termasuk hak publik, pribadi, komunal, kolektif, lokal, dan adat, yang berpotensi terpengaruh oleh kegiatan kami. Sumber daya alam meliputi lahan, perikanan, hutan, dan air.

Semaksimal mungkin, kami akan berkomitmen terhadap transparansi dan pengungkapan informasi mengenai investasi berbasis lahan kami, termasuk transparansi ketentuan kontrak sewa/konsesi, dengan memperhatikan batasan privasi.[52]

Kami akan memberikan preferensi pada rancangan proyek alternatif yang layak untuk menghindari atau, jika tidak mungkin dihindari, meminimalkan perpindahan fisik dan/atau ekonomi dari pemegang hak kepemilikan yang sah, sembari menyeimbangkan biaya serta manfaat lingkungan, sosial, dan keuangan, dengan memberikan perhatian khusus pada dampak merugikan terhadap masyarakat miskin dan rentan.

Kami menyadari bahwa, berdasarkan hukum dan perundang-undangan nasional mereka dan sesuai dengan konteks nasional, negara harus mengambil alih hanya jika hak yang dipermasalahkan diperlukan untuk tujuan publik dan harus memastikan kompensasi yang cepat, memadai, dan efektif.[53]

Ketika pemegang hak kepemilikan yang sah terkena dampak negatif, kami akan berusaha memastikan bahwa mereka menerima kompensasi yang cepat, memadai, dan efektif untuk hak kepemilikan mereka yang terkena dampak negatif dari operasi kami.[54]

7. Kesejahteraan hewan

Kami akan mendukung kesejahteraan hewan dalam operasi kami,[55] termasuk dengan:

- berusaha memastikan bahwa 'lima kebebasan' untuk kesejahteraan hewan dilaksanakan, yaitu kebebasan dari rasa lapar, haus, dan malnutrisi, ketidaknyamanan secara fisik dan lingkungan, rasa sakit, luka, atau penyakit, rasa takut dan penderitaan, serta kebebasan untuk mengekspresikan pola perilaku alamiah[56]
- Memastikan standar manajemen dan penanganan ternak yang tinggi untuk produksi hewan, yang sesuai dengan skala operasi kami, setara dengan atau melebihi prinsip-prinsip OIE.[57]

8. Perlindungan lingkungan dan pemanfaatan sumber daya alam secara berkelanjutan

Kami akan menciptakan dan menjaga, dalam koordinasi bersama lembaga pemerintah yang bertanggung jawab dan pihak ketiga yang sesuai, sistem manajemen lingkungan dan sosial yang sesuai dengan sifat dan skala operasi kami serta yang setara dengan tingkat potensi risiko dan dampak lingkungan dan sosial.[58]

Kami akan terus meningkatkan kinerja lingkungan kami dengan:

- mencegah, meminimalkan, serta memperbaiki polusi dan dampak negatif pada udara, tanah, air, hutan, dan keanekaragaman hayati, serta mengurangi emisi gas rumah kaca

- menghindari atau mengurangi timbulnya limbah berbahaya dan tidak berbahaya, mengganti atau mengurangi penggunaan zat beracun,[59] dan meningkatkan penggunaan yang produktif atau memastikan pembuangan limbah yang aman
- memastikan penggunaan sumber daya alam secara berkelanjutan dan meningkatkan efisiensi penggunaan sumber daya alam dan energi[60]
- mengurangi kerugian pangan dan limbah serta mempromosikan pendaurulangan
- mempromosikan praktik agrikultura yang baik, termasuk memelihara atau meningkatkan kesuburan tanah dan menghindari erosi tanah
- mendukung dan mengonservasi keanekaragaman hayati, sumber daya genetik dan layanan ekosistem, menghormati kawasan yang dilindungi,[61] kawasan bernilai konservasi tinggi dan spesies yang terancam punah; dan mengendalikan dan meminimalkan penyebaran spesies non-endemik yang invasif
- meningkatkan ketahanan sistem agrikultura dan pangan, habitat pendukung, dan mata pencaharian terkait terhadap dampak perubahan iklim melalui langkah-langkah adaptasi.[62]

9. Tata kelola

Kami akan mencegah dan menjauhkan diri dari segala bentuk korupsi dan praktik penipuan.[63] Kami akan mematuhi isi maupun semangat undang-undang dan peraturan pajak negara tempat kami beroperasi.[64]

Kami akan menahan diri untuk tidak mengadakan atau melaksanakan kesepakatan anti-persaingan di antara para pesaing dan akan bekerja sama dengan penyelidik otoritas persaingan.[65]

Sejauh aturan tersebut berlaku untuk perusahaan, kami akan bertindak sesuai dengan Prinsip-prinsip yang terkandung dalam Rekomendasi OECD Dewan Pimpinan mengenai Prinsip-Prinsip Tata Kelola Perusahaan.[66]

10. Teknologi dan inovasi

Kami akan berkontribusi pada pengembangan dan penyebaran teknologi yang sesuai, khususnya teknologi ramah lingkungan dan teknologi yang secara langsung maupun tidak langsung menciptakan lapangan pekerjaan.[67]

3. Kerangka kerja lima langkah untuk uji tuntas berbasis risiko di sepanjang rantai pemasok agrikultura

Perusahaan harus melaksanakan kerangka kerja lima langkah berikut untuk melakukan uji tuntas berbasis risiko di sepanjang rantai pemasok agrikultura: (i) membangun sistem manajemen perusahaan yang kuat untuk rantai pemasok yang bertanggung jawab; (ii) mengidentifikasi, analisis, dan prioritaskan risiko pada rantai pemasok; (iii) merancang dan mengimplementasikan strategi untuk mengatasi risiko yang telah diketahui;
(iv) memastikan uji tuntas rantai pemasok; dan (v) melaporkan uji tuntas rantai pemasok. Langkah pertama meliputi adopsi kebijakan perusahaan untuk RBC yang dapat diambil dari model kebijakan perusahaan di Bagian 2 Pedoman. Meskipun semua perusahaan harus melakukan uji tuntas, implementasi kerangka kerja lima langkah ini harus disesuaikan dengan posisi dan jenis keterlibatan mereka dalam rantai pemasok, konteks dan lokasi mereka beroperasi, serta ukuran dan kapasitas mereka. Sebisa mungkin, bagian ini membedakan tanggung jawab berbagai jenis perusahaan (perusahaan di lokasi pertanian, hilir, dan keuangan) di setiap langkah.

Langkah 1. Bangun sistem manajemen perusahaan yang kuat untuk rantai pemasok yang bertanggung jawab

1.1 Adopsi, atau integrasikan ke dalam proses saat ini, kebijakan perusahaan untuk RBC di sepanjang rantai pemasok (selanjutnya disebut 'kebijakan perusahaan untuk RBC')

Kebijakan ini harus memasukkan standar yang mana uji tuntas akan dilakukan, yang diambil dari standar internasional dan model kebijakan perusahaan di atas. Kebijakan ini dapat terdiri dari satu kebijakan atau beberapa kebijakan mandiri (mis. kebijakan perusahaan tentang hak asasi manusia) dan dapat menyertakan komitmen untuk mematuhi standar khusus industri saat ini, seperti skema sertifikasi.[68] Jika terdapat kebijakan yang sudah lama, analisis kesenjangan dapat menentukan kesenjangan dibandingkan dengan model kebijakan perusahaan di Bagian 2 dan kebijakan saat ini dapat diperbarui sesuai dengan hal tersebut.

Kebijakan perusahaan untuk RBC harus:

- disetujui oleh di tingkat paling senior perusahaan. Tanggung jawab tingkat senior harus ditetapkan untuk implementasinya.
- diinformasikan oleh pakar internal dan eksternal terkait, dan jika sesuai, konsultasi pemangku kepentingan
- menetapkan harapan perusahaan dalam hal RBC karyawan, mitra bisnis, dan pihak lain yang berkaitan langsung dengan operasi, produk, atau layanannya
- disediakan secara publik dan disampaikan kepada semua karyawan, mitra bisnis, dan pihak terkait lainnya

- tercermin dalam kebijakan dan prosedur operasional yang diperlukan untuk menanamkannya ke seluruh perusahaan[69]
- Ditinjau dan diadaptasikan secara berkala mengingat meningkatnya pengetahuan tentang risiko dalam rantai pemasok dan standar internasional.

Meskipun beberapa dampak merugikan timbul pada tahap tertentu rantai pemasok, seperti tahap produksi dan pemrosesan untuk kepemilikan lahan dan kesejahteraan hewan, kebijakan perusahaan untuk RBC harus mencakup risiko yang timbul di seluruh rantai pemasok.

1.2. Menyusun manajemen internal untuk mendukung uji tuntas rantai pemasok

Manajemen senior harus terlibat secara jelas dan aktif dalam mengimplementasikan serta memastikan kepatuhan terhadap kebijakan perusahaan untuk RBC. Karyawan dan mitra bisnis harus dilatih dan diberi insentif untuk mematuhinya. Individu dengan keterampilan teknis dan budaya yang relevan harus ditunjuk untuk bertanggung jawab atas uji tuntas dengan tim dukungan yang diperlukan. Sumber daya keuangan yang memadai harus tersedia. Struktur pelaporan internal harus ditetapkan, dipelihara, dan disampaikan dalam perusahaan pada saat-saat penting. Praktik RBC harus konsisten di seluruh operasi perusahaan. Tindakan ini harus disesuaikan dengan tujuan, kegiatan, produk, dan ukuran perusahaan, dengan mempertimbangkan kemampuan keuangannya.

1.3. Membangun sistem kontrol dan transparansi di sepanjang rantai pemasok

Pengawasan implementasi kebijakan perusahaan untuk RBC sangat penting demi kredibilitas dan efektivitas kebijakan dan bagi hubungan yang baik bersama pemangku kepentingan, termasuk pemerintah. Hal ini mencakup:

- Membuat prosedur verifikasi internal untuk melakukan tinjauan kepatuhan berkala yang independen dan transparan terhadap kebijakan tersebut. Prosedur tersebut dapat terdiri dari sistem keterlacakan[70] yang berarti: membuat dokumentasi proses uji tuntas, mencari dan merumuskan keputusan; menjaga inventaris internal dan dokumentasi transaksi yang dapat digunakan dengan pertimbangan untuk mengidentifikasi pelaku dalam rantai pemasok; melakukan dan menerima pembayaran melalui perbankan resmi dan memastikan semua pembelian tunai yang tidak dapat dihindari didukung oleh dokumentasi yang dapat diverifikasi; serta menjaga informasi yang dikumpulkan selama periode beberapa tahun. Perusahaan hulu harus menciptakan keseimbangan massa atau keterlacakan segregasi fisik,[71] contohnya melalui rantai penjagaan, sementara perusahaan hilir harus mengidentifikasi pemasok hulu mereka dan negara pemasok dari sub-pemasok hulu mereka. Informasi uji tuntas yang diteruskan dari perusahaan hulu ke hilir dapat meningkatkan transparansi dan memfasilitasi keterlacakan.
- Membangun hubungan bisnis permanen sebagai sarana terbaik untuk alur informasi yang berkelanjutan. Saluran untuk berkomunikasi dengan berbagai pemangku kepentingan dapat memperingatkan kemungkinan penyimpangan dari kebijakan dan standar terkait. Eksekusi dan tindak lanjut dari audit berkala dan analisis dampak lingkungan, sosial, dan HAM (ESHRIA)[72] juga dapat membantu menilai kepatuhan tetapi tidak dapat menjadi pengganti untuk alur informasi tersebut.

1.4. Memperkuat interaksi bersama mitra bisnis

Kebijakan untuk RBC, yang diambil dari kebijakan perusahaan untuk RBC, harus dimasukkan ke dalam kontrak dan kesepakatan dengan mitra bisnis. Kebijakan tersebut harus disesuaikan dengan kapasitas mereka. Hubungan jangka panjang dengan mitra bisnis dapat memperkuat pengaruh untuk mendorong adopsi kebijakan tersebut dan meningkatkan transparansi. Rencana implementasi yang disusun dalam koordinasi bersama mitra bisnis dan melibatkan pemerintah setempat dan pusat, organisasi internasional, dan masyarakat sipil, juga dapat meningkatkan kepatuhan, khususnya dengan menawarkan pelatihan pengembangan kemampuan. Sebagai contoh, perusahaan dapat mengembangkan kemampuan petani skala kecil yang mungkin mengalami kesulitan dalam memenuhi prasyarat yang ketat karena dapat memakan biaya.

1.5. Membangun mekanisme pengaduan tingkat operasional dalam konsultasi dan kolaborasi bersama pemangku kepentingan terkait

Mekanisme pengaduan[73] dapat membantu memperingatkan perusahaan tentang penyimpangan dari standar terkait dan membantu mereka mengidentifikasi risiko, termasuk dengan mengizinkan komunikasi yang ditingkatkan bersama pemangku kepentingan terkait. Mekanisme tersebut dapat dirancang pada level proyek, perusahaan, atau industri. Mekanisme ini harus digunakan sebagai sistem peringatan dini kesadaran risiko serta sebagai mekanisme untuk mencegah konflik dan memberikan ganti rugi. Sebagai contoh, mekanisme pengaduan yang dibangun oleh sistem hubungan industri saat ini dan kesepakatan perundingan bersama dapat menjadi mekanisme yang efektif dan kredibel untuk menghormati hak tenaga kerja.

Mekanisme pengaduan harus dapat diakses dengan mudah oleh pekerja dan semua yang memang atau berpotensi terkena pengaruh dari dampak merugikan yang berasal dari ketidakmampuan perusahaan dalam menjalankan standar RBC. Perusahaan harus memublikasikan keberadaan dan modalitas akses, mendorong penggunaannya secara aktif, menjamin bahwa penggunanya tetap bersifat anonim dan terbebas dari pembalasan, serta memastikan efektivitasnya secara berkala. Mereka harus menyimpan catatan pengaduan publik yang diterima, serta pembelajaran yang diperoleh melalui mekanisme pengaduan harus dimasukkan dalam kebijakan perusahaan untuk RBC, hubungan dengan mitra bisnis, dan sistem pengawasan.

Mekanisme pengaduan harus melengkapi mekanisme yudisial dan non-yudisial lainnya, seperti NPC, yang juga harus diikuti oleh perusahaan.

Langkah 2. Identifikasi, analisis, dan prioritaskan risiko pada rantai pemasok

2.1. Memetakan rantai pemasok

Langkah ini mengharuskan identifikasi pada berbagai pelaku yang terlibat, termasuk, jika relevan, nama pemasok langsung dan mitra bisnis serta lokasi operasi. Sebagai contoh, detail berikut dapat diminta dari perusahaan di lokasi pertanian: nama unit produsen; identifikasi alamat dan lokasi; detail kontak manajer lokasi; kategori, kuantitas, tanggal, dan metode produksi; jumlah pekerja berdasarkan gender; daftar praktik manajemen risiko; jalur pengangkutan; serta analisis risiko yang telah dilakukan.

Perusahaan, khususnya perusahaan keuangan dan perusahaan yang berhadapan langsung dengan konsumen yang beberapa tingkatannya dihapus dari produksi agrikultura, mungkin pada awalnya tidak mampu memetakan semua pemasok dan mitra bisnisnya. Meskipun demikian, mereka harus secara sistematis bekerja untuk mendapatkan gambaran lengkap tentang hubungan bisnis mereka. Cakupan informasi yang dikumpulkan tentang mitra bisnis bergantung pada tingkat keparahan risiko dan seberapa erat kaitannya dengan risiko yang diketahui.

2.2. Menganalisis risiko dampak merugikan pada lingkungan, sosial, dan hak asasi manusia[74] *dari operasi, proses, barang, dan layanan perusahaan serta mitra bisnisnya selama siklus proses lengkap*

Analisis tersebut harus mengidentifikasi cakupan lengkap dampak merugikan aktual dan potensial dalam rantai pemasok baik yang disebabkan atau diberikan oleh perusahaan atau yang terkait langsung dengan operasi, produk, atau layanannya berdasarkan hubungan bisnis. Analisis ini harus mencakup dampak lingkungan, sosial, dan hak asasi manusia. Analisis tersebut mungkin diwajibkan atau diatur oleh hukum setempat. Cakupan dan frekuensinya harus menunjukkan tingkat keparahan dari risiko dan kinerja mitra bisnis dalam mengelolanya. Analisis tersebut dapat digunakan untuk tujuan pengungkapan, tetapi juga dengan cara yang lebih praktis dan prediktif untuk menangani risiko tertentu, memperkuat dialog pemasok, dan meningkatkan kinerja pemasok.

Diambil dari standar saat ini, Lampiran A (Bagian 1.3) menyajikan detail tentang tahapan dan dampak apa analisis ini harus disertakan. Selain itu, analisis ini harus mengidentifikasi:[75]

- pemegang hak dan pemangku kepentingan terkait, khususnya wanita, yang mungkin terkena pengaruh dari operasi secara berkelanjutan[76]
- semua mitra bisnis yang berisiko karena tidak melakukan uji tuntas yang sesuai
- semua 'bendera merah' yang dijelaskan dalam Kotak 3.1. Dalam situasi tersebut, uji tuntas yang ditingkatkan mungkin diperlukan, yang dapat menyertakan verifikasi di lapangan atas keadaan kualitatif untuk lokasi, produk, atau mitra bisnis bendera merah
- segala inkonsistensi yang wajar antara keadaan faktual operasi dan kebijakan perusahaan untuk RBC.

Beberapa **jenis analisis** dapat membantu mengidentifikasi bendera merah. Analisis risiko konteks mengategorikan wilayah dan negara pemasok dengan wilayah rendah, sedang, atau tinggi untuk wilayah risiko khusus dengan menganalisis kerangka peraturan, konteks politik, kebebasan sipil, dan lingkungan sosial ekonomi. Analisis risiko tingkat lokasi bertujuan untuk memahami keadaan faktual operasi mitra bisnis guna menganalisis risiko cakupan, tingkat keparahan, dan kemungkinan risiko di tingkat lokasi. Analisis tersebut harus membentuk dasar proses pra-kualifikasi mitra bisnis baru. Analisis risiko standar harus diterapkan pada mitra bisnis yang beroperasi dalam konteks risiko rendah. Analisis risiko yang disempurnakan harus diterapkan pada mitra bisnis yang beroperasi dalam konteks risiko sedang dan tinggi. Analisis dapat meliputi pelaksanaan konsultasi pemangku kepentingan, pengawasan oleh pihak ketiga, seperti organisasi masyarakat sipil, dan penyusunan kunjungan pertanian dan/atau fasilitas pemrosesan.

Analisis risiko harus berupa **proses yang berkelanjutan** untuk menjaga gambaran yang nyata dari risiko sepanjang waktu, dengan mempertimbangkan perubahan keadaan. Situasi berikut ini memerlukan analisis risiko baru: pasokan dari pasar baru; perubahan pada lingkungan operasi mitra bisnis (mis. perubahan pada pemerintahan); pemasok memulai pasokan dari wilayah risiko sedang atau tinggi; dimulainya hubungan bisnis baru; perubahan pada kepemilikan mitra bisnis; pengembangan produk baru; atau perubahan pada model bisnis.

Kotak 3.1. **Contoh situasi yang memerlukan uji tuntas yang ditingkatkan: Bendera merah**

- **Lokasi bendera merah - Operasi direncanakan pada atau produk agrikultura berasal dari wilayah:**
  - terdampak konflik atau dianggap sebagai wilayah
  - berisiko tinggi[1] dianggap sebagai tata kelola lemah[2]
  - di mana pemerintah nasional maupun lokal tidak mematuhi standar RBC yang disepakati secara internasional atau tidak memberikan dukungan pada perusahaan untuk memastikan kepatuhan pada standar ini, misalnya dengan mengusulkan lahan agrikultura yang hak kepemilikannya yang sah dimiliki oleh masyarakat lokal dan belum dikonsultasikan, atau yang terletak di wilayah dilindungi
  - di mana pelanggaran hak asasi manusia dan hak tenaga kerja telah dilaporkan
  - di mana hak kepemilikan ditetapkan secara lemah atau dalam sengketa
  - di mana masyarakat menghadapi ketidakamanan pangan atau kekurangan air
  - yang dipengaruhi oleh degradasi lingkungan atau ditetapkan sebagai wilayah yang dilindungi.
- **Produk bendera merah**
  - Produksi komoditas agrikultura diketahui memiliki dampak lingkungan, sosial, atau hak asasi manusia yang merugikan dalam konteks tertentu.
  - Produk agri-pangan tidak memenuhi standar kesehatan dan ketahanan pangan.
- **Mitra bisnis bendera merah**
  - Mitra bisnis diketahui tidak mematuhi standar yang terkandung dalam Panduan ini.

    Mereka diketahui telah memasok produk agrikultura dari lokasi bendera merah dalam dua belas bulan terakhir.
  - Mereka memiliki pemegang saham atau kepentingan lain yang tidak mematuhi standar yang terkandung di dalam Panduan ini atau yang memasok produk agrikultura dari atau beroperasi di lokasi bendera merah.

1. Wilayah terdampak konflik dan berisiko tinggi diketahui dengan adanya konflik bersenjata, kekerasan yang meluas, atau risiko lain yang membahayakan manusia. Konflik bersenjata dapat dalam bentuk yang beragam, seperti konflik yang bersifat internasional maupun non-internasional, yang mungkin melibatkan dua atau beberapa negara, atau dapat terdiri dari perang pembebasan, pemberontakan, maupun perang sipil, dll. Wilayah berisiko tinggi dapat meliputi wilayah dengan represi atau ketidakstabilan politik, pelemahan politik, ketidakamanan, infrastruktur sipil yang anjlok, serta kekerasan yang meluas. Wilayah tersebut sering kali ditandai dengan pelanggaran hak asasi manusia yang luas dan pelanggaran hukum nasional atau internasional (OECD, 2013).
2. Wilayah ini dapat meliputi wilayah yang menunjukkan kinerja yang buruk berdasarkan Indikator Tata Kelola Seluruh Dunia dari Bank Dunia atau Indeks Persepsi Korupsi dari Transparency International. Wilayah ini juga dapat meliputi negara-negara yang belum berkomitmen atau mulai mengimplementasikan provisi Konvensi PBB tentang Antikorupsi.

Analisis risiko bergantung pada **jenis perusahaan:**

- Perusahaan di lokasi pertanian dapat membuat tim analisis lapangan untuk merumuskan dan berbagi informasi terbaru serta yang dapat diverifikasi dan diandalkan tentang keadaan kualitatif produksi agrikultura. Perusahaan ini nantinya perlu memastikan bahwa mereka menghormati pemegang hak kepemilikan lahan yang sah, termasuk dengan mengadakan konsultasi dengan itikad baik, efektif, dan bermakna bersama masyarakat lokal. Jika terlibat dalam produksi ternak, mereka harus mendukung kesejahteraan hewan dalam operasi mereka. Mereka harus memberikan hasil dari analisis risiko mereka kepada perusahaan hilir.

- Perusahaan hilir harus tidak hanya mengidentifikasi risiko dalam operasi mereka, tetapi juga, dengan upaya maksimal, menganalisis risiko yang dihadapi oleh pemasok mereka. Mereka dapat menganalisis risiko yang disebutkan belakangan dengan menganalisis uji tuntas yang dilakukan oleh pemasok mereka atau dengan menganalisis secara langsung operasi pemasok mereka, misalnya dengan melakukan kunjungan pertanian. Berpartisipasi dalam skema industri yang menganalisis kepatuhan mitra bisnis terhadap standar RBS dan memberikan informasi yang relevan dapat mendukung analisis ini.

- Perusahaan keuangan mungkin memiliki ribuan klien. Sepertinya tidak selalu memungkinkan untuk melakukan analisis risiko pada klien satu per satu. Dengan Pedoman OECD, semua perusahaan diharapkan untuk mengidentifikasi area umum di mana risiko dampak merugikan berpengaruh paling signifikan dan untuk memprioritaskan uji tuntas yang sesuai. Cakupan tanggung jawab uji tuntas yang sesuai untuk lembaga keuangan bergantung pada sifat operasi, produk, dan layanannya.[77]

Langkah 3. Rancang dan implementasikan strategi untuk mengatasi risiko yang telah diketahui

3.1. Melaporkan temuan dari analisis risiko ke manajemen senior yang ditunjuk

3.2. Adopsi rencana manajemen risiko

Rencana ini dapat meliputi mitigasi risiko dan tindakan pencegahan yang disarankan pada Lampiran

A. Rencana ini dapat mengusulkan berbagai skenario bergantung pada sebera dekat perusahaan berkaitan dengan dampak merugikan (lihat Kotak 1.2 untuk detail lebih lanjut):

- Jika perusahaan menyebabkan dampak merugikan, mereka harus melakukan perbaikan[78] untuk dampak merugikan aktual dan mencegah dampak merugikan yang potensial. Hal ini dapat mencakup penangguhan sementara operasi sembari melakukan upaya terukur untuk mencegah segala dampak merugikan pada masa mendatang, atau penangguhan permanen operasi jika dampak ini tidak dapat dimitigasi.

- Jika perusahaan berkontribusi terhadap dampak merugikan, mereka harus menghentikan kontribusinya terhadap dampak merugikan dan menggunakan pengaruhnya untuk memitigasi segala dampak merugikan yang tersisa. Hal ini dapat mencakup penangguhan sementara operasi. Perusahaan juga harus mengambil tindakan preventif untuk memastikan bahwa dampak merugikan ini tidak akan terjadi kembali.

- Jika perusahaan tidak berkontribusi terhadap dampak merugikan tersebut, ketika dampaknya berhubungan langsung dengan operasi, produk, atau layanannya berdasarkan hubungan bisnis, perusahaan harus menggunakan pengaruhnya untuk memitigasi atau mencegah dampak merugikan tersebut. Hal ini dapat menyebabkan pemutusan hubungan dengan mitra bisnis setelah upaya mitigasi risiko gagal atau ketika mitigasi risiko dianggap tidak dapat dilakukan atau tidak dapat diterima. Faktor yang relevan dalam menentukan respons yang sesuai meliputi: tingkat keparahan dan kemungkinan dampak merugikan, kemampuan perusahaan untuk memengaruhi dan/atau menciptakan pengaruh atas mitra bisnis atau pelaku terkait lainnya (mis. pemerintah), serta seberapa krusial mitra bisnis terhadap perusahaan.

Semua jenis perusahaan dapat secara langsung menyebabkan, berkontribusi, atau terhubung langsung dengan dampak merugikan. Contoh berikut ini menggambarkan apa yang dapat terjadi dalam praktik:

- *Menyebabkan:* Ketiga jenis perusahaan, perusahaan di lokasi pertanian, hilir, dan keuangan, dapat secara langsung menyebabkan dampak merugikan. Meskipun begitu, beberapa dampak merugikan dapat disebabkan langsung hanya oleh perusahaan di lokasi pertanian, dan pada tingkat lebih rendah, oleh perusahaan hilir, misalnya dampak pada hak kepemilikan lahan dan kesejahteraan hewan. Apabila, dalam analisis risiko, sebuah perusahaan di lokasi pertanian diketahui melanggar hak kepemilikan lahan dari pemegang hak yang sah, perusahaan harus melakukan perbaikan untuk dampak tersebut, mis. mengembalikan lahan ke pemegang hak yang sah atau memastikan bahwa mereka menerima kompensasi yang layak dan cepat.
- *Berkontribusi:* Jika peritel pangan besar mengharuskan jadwal pengiriman yang ketat untuk produk agrikultura musiman dan segar, seperti stroberi, hal ini dapat menyebabkan pemasoknya meningkatkan tenaga kerja mereka secara mendadak untuk memenuhi permintaan, dan dengan demikian menyebabkan terjadinya pelecehan pada pekerja migran. Peritel pangan akhirnya harus menghentikan kontribusinya terhadap dampak merugikan ini dengan, misalnya, mengurangi tekanan pada pemasoknya atau meningkatkan harga pembelian dengan mempertimbangkan kendala arus kas pemasoknya.
- *Berhubungan langsung:* Dana pensiun dapat diinvestasikan pada dana investasi yang nantinya diinvestasikan pada pertanian yang bergantung pada tenaga kerja anak untuk beberapa tugas paling padat karya, seperti panen vanili. Dana pensiun dengan demikian berhubungan langsung dengan dampak merugikan pada hak asasi manusia. Perusahaan harus menggunakan pengaruhnya untuk mencegah atau memitigasi dampak buruk, contohnya dengan menyatakan niatnya untuk melepaskan dana investasi jika tenaga kerja anak tidak ditangani di tingkat pertanian.

3.3. Implementasikan rencana manajemen risiko, awasi dan lacak kinerja upaya mitigasi risiko, dan laporkan kembali ke manajemen senior yang ditunjuk

Rencana ini mencakup konsultasi dengan pemangku kepentingan yang terkena pengaruh, termasuk pekerja dan perwakilan mereka, serta mitra bisnis, untuk mengklarifikasi kekhawatiran dan menyetujui strategi untuk memitigasi risiko.

Langkah 4. Pastikan uji tuntas rantai pemasok

Perusahaan harus mengambil langkah untuk memastikan bahwa praktik uji tuntas mereka efektif, yaitu bahwa risiko telah diidentifikasi dan dimitigasi atau dicegah secara memadai. Dua skenario yang timbul:

1. Jika risiko telah dimitigasi atau dicegah, perusahaan harus melaksanakan berkelanjutan yang sesuai dengan risiko.
2. Jika risiko belum dimitigasi atau dicegah, proses verifikasi harus mengidentifikasi mengapa demikian, misalnya kurangnya strategi mitigasi risiko yang efektif, atau waktu dan sumber daya yang tidak memadai, atau kurangnya kemauan untuk memitigasi risiko. Analisis risiko yang baru harus dilakukan

Proses verifikasi harus:

- Memastikan bahwa suara perempuan cukup terwakili.
- Menyesuaikan dengan risiko.
- Membuat rekomendasi untuk meningkatkan praktik uji tuntas.
- Mempertimbangkan kapasitas berbagai perusahaan karena proses tersebut bisa memakan biaya. Uji tuntas dapat dianalisis melalui mekanisme yang terjangkau untuk perusahaan kecil, seperti inisiatif kepatuhan sosial yang berbasis lokal.[79]

Proses verifikasi dapat meliputi audit, investigasi di lokasi, dan konsultasi dengan otoritas pemerintah, masyarakat sipil, anggota masyarakat yang terkena dampak, serta organisasi pekerja di tingkat lokal, nasional, dan internasional. Independensi dan kualitas audit sangat penting untuk efektivitasnya.[80] Auditor harus independen, kompeten, dan akuntabel. Perusahaan dapat mempertimbangkan untuk memasukkan audit ke dalam mekanisme institusional independen yang bertanggung jawab untuk mengakreditasi auditor, memverifikasi audit, menerbitkan laporan audit, mengimplementasikan modul untuk mengembangkan kemampuan pemasok dalam melakukan uji tuntas, dan membantu menindaklanjuti pengaduan pihak yang berkepentingan.

Proses verifikasi pelengkap dan saling menguatkan berdasarkan standar umum, yang dilakukan pada titik yang sesuai dalam rantai pemasok, dapat membantu menghindari kelelahan analisis dan meningkatkan efisiensi.[81] Sebagai contoh, auditor dapat mengetahui kesimpulan audit yang dilakukan oleh pihak ketiga yang independen lainnya. Perusahaan mungkin ingin berfokus pada 'titik sempit', yaitu titik di mana sekelompok kecil pemangku kepentingan beroperasi dalam rantai pemasok - berbeda dari setiap perusahaan dalam rantai pemasok yang sedang dianalisis. Mereka dapat mengidentifikasi titik sempit dengan mempertimbangkan:

i) titik kunci perubahan materi dalam rantai pemasok, seperti pemrosesan atau pengemasan

ii) jumlah pelaku pada titik tertentu dalam rantai pemasok: audit dapat berfokus pada titik dalam rantai pemasok di mana relatif sedikit pelaku yang aktif atau di mana sebagian besar produk agri-pangan dikumpulkan

iii) titik pengaruh perusahaan hilir terbesar.

iv) titik di mana skema dan program audit sudah ada untuk memanfaatkan sistem ini dan menghindari duplikasi.

Sebagai contoh, kemungkinan titik sempit untuk rantai pemasok kopi di Etiopia dapat berupa Bursa Komoditas Etiopia di mana sejumlah terbatas pedagang menjual kopi yang diproduksi oleh banyak produsen kecil (kasus ii. di atas). Dalam rantai pemasok kopi yang lebih terfragmentasi, titik sempit dapat berupa pabrik pemroses, tengkulak, maupun pengekspor. Fokus pada titik sempit ini tidak boleh menggantikan uji tuntas menyeluruh yang dilakukan di sepanjang rantai pemasok.

Langkah 5. Laporkan uji tuntas rantai pemasok

Perusahaan harus melaporkan kebijakan dan praktik uji tuntas rantai pemasok mereka, dengan memperhatikan kerahasiaan bisnis dan masalah persaingan lainnya. Mereka harus memberi pemangku kepentingan dan mitra bisnis informasi yang jelas, akurat, dan tepat waktu tentang dampak merugikan aktual dan potensial yang diketahui melalui analisis dampak yang berkelanjutan serta tentang langkah dan tindakan yang diambil untuk memitigasi atau mencegah dampak tersebut. Laporan juga dapat menyertakan informasi tentang sistem manajemen perusahaan dan laporan verifikasi praktik uji tuntas. Begitu dirilis, laporan tersebut harus dapat diakses oleh semua pemangku kepentingan terkait.

Selain pelaporan publik dan formal, bentuk komunikasi dapat beragam, termasuk pertemuan langsung, dialog online, dan konsultasi dengan pemangku kepentingan yang terkena pengaruh. Komunikasi harus sesuai dengan dampak dan audiens sehubungan bentuk, frekuensi, aksesibilitas, dan kecukupan informasi yang diberikan.

Catatan

1. Jika Konstitusi Organisasi Pangan dan Pertanian Perserikatan Bangsa-Bangsa (FAO) menyertakan perikanan dan kehutanan dalam definisi agrikultura, Panduan ini sebagian besar berfokus pada tanaman panen dan hewan ternak.

2. Perilaku Bisnis yang Bertanggung Jawab (RBC) artinya bisnis harus: a) memberikan kontribusi positif terhadap kemajuan ekonomi, lingkungan, dan sosial dengan maksud mencapai pembangunan yang berkelanjutan dan b) menghindari dan menangani dampak merugikan dari kegiatan mereka serta mencegah atau memitigasi dampak merugikan yang secara langsung berkaitan dengan operasi, produk, atau layanan mereka melalui hubungan bisnis.

3 Di seluruh Panduan ini, standar merujuk pada rekomendasi yang terkandung di dalam berbagai jenis instrumen yang meliputi konvensi, deklarasi, prinsip, dan pedoman.

4. Seperti yang ditekankan pada laporan Forum Ekonomi Dunia tahun 2015 *'Lebih dari sekadar rantai pemasok - Memberdayakan rantai nilai yang bertanggung jawab'*, mematuhi standar RBC dapat menguntungkan perusahaan karena dinamika pasar yang berubah meningkatkan pentingnya upaya keberlanjutan. Pelanggan menjadi lebih sensitif terhadap keberlanjutan. Konsumen muda secara khusus meminta produk dan praktik yang berkelanjutan serta mau membayar lebih untuk mendapatkannya. Sumber daya alam langka yang terus meningkat dan naiknya harga komoditas membuat efisiensi sumber daya serta pengurangan limbah menjadi variabel yang krusial bagi perusahaan agar tetap mendapatkan keuntungan. Lingkungan peraturan dan organisasi non-pemerintah mendorong transparansi yang lebih, yang mendorong biaya ketidakpatuhan dan dapat menimbulkan reaksi negatif dari pasar.

5. Lihat definisi uji tuntas lebih jauh di bawah ini untuk definisi 'hubungan bisnis'.

6. Lihat bagian 'target pengguna' untuk uraian yang lebih lengkap.

7. Sumber daya tambahan tersedia di: *http://mneguidelines.oecd.org/rbc-agriculture-supply-chains.htm* *dan* *www.fao.org/economic/est/issues/investment/en*.

8. Lihat sub-bagian 'proses' untuk detail lebih lanjut mengenai komposisi dan peran Kelompok Penasihat dalam menyusun Panduan ini.

9. Informasi tambahan tersedia di: *http://mneguidelines.oecd.org/rbc-agriculture- supply-chains.htm*.

10. Meskipun Pedoman OECD tidak memberikan definisi yang akurat tentang perusahaan multinasional (MNE), mereka menunjukkan bahwa MNE biasanya terdiri dari perusahaan atau entitas lain yang dibangun di lebih dari satu negara (Pedoman OECD, I.4). Prinsip-Prinsip CFS-RAI menargetkan 'perusahaan bisnis, termasuk petani' (para. 50-52).

11. Kerangka acuan Kelompok Penasihat Multi-Pemangku Kepentingan yang menjelaskan tujuan, tugas, dan struktur organisasinya disahkan oleh Kelompok Kerja OECD tentang Perilaku Bisnis yang Bertanggung Jawab pada Juni 2013 dan oleh Kelompok Kerja OECD tentang Kebijakan dan Pasar Agrikultura pada Juli 2013.

12. Untuk contoh spesifiknya, lihat: Proyek rantai nilai agri-pangan Botswana: Studi rantai nilai daging sapi oleh FAO tahun 2013; Analisis rantai nilai pertanian ke konsumen dari sistem pemasaran jagung Kenya oleh Michigan State University tahun 2011; Analisis rantai nilai pada sektor jambu mete di Ghana oleh GIZ tahun 2010; atau rantai nilai minyak atsiri Rwanda: Diagnostik oleh UNIDO tahun 2012.

13. Kontrak pertanian melibatkan produksi yang dilakukan atas dasar kesepakatan antara pembeli dan produsen. Kesepakatan ini mencakup berbagai kontrak dan dibedakan berdasarkan jenis kontraktor, jenis produk, intensitas koordinasi antara petani dan investor, serta jumlah pemangku kepentingan yang terlibat. Untuk informasi lebih lanjut, lihat *www.fao.org/ag/ags/contract-farming/faq/en/#c100440*.

14. Untuk detail lebih lanjut, lihat Uji Tuntas OECD Rantai Pemasok yang Bertanggung Jawab untuk Mineral dari Wilayah Terdampak Konflik dan Berisiko Tinggi, 2011.

15. Diambil dari Pedoman OECD, II.15.

16. Pedoman OECD, II.A.10.

17. Pedoman OECD, II.16.

18. Program tersebut antara lain: Prinsip-prinsip dan kriteria untuk produksi minyak sawit berkelanjutan yang menyertifikasi produsen, pemroses, atau penjual minyak sawit, serta pabrik, peritel, bank, dan investor yang terlibat dalam rantai pemasok minyak sawit; standar konferensi tentang bahan bakar hayati berkelanjutan yang menyertifikasi operator bahan bakar hayati; Prinsip-prinsip dan kriteria untuk produksi kedelai yang bertanggung jawab yang menyertifikasi petani kedelai dan kelompok petani kedelai; Standar Inisiatif Tebu yang Lebih Baik (Bonsucro) untuk produsen tebu; serta Prinsip-prinsip Investasi yang Bertanggung Jawab pada Lahan Pertanian untuk pemilik dan pengelola aset institusional. Platform pengawasan seperti Sedex juga dapat membantu mengawasi kinerja pemasok.

19. Rekomendasi OECD tentang Uji Tuntas OECD Rantai Pemasok yang Bertanggung Jawab untuk Mineral dari Wilayah Terdampak Konflik dan Berisiko Tinggi diadopsi oleh Dewan Pimpinan di tingkat Kementrian pada 25 Mei 2011 dan selanjutnya diamandemen pada 17 Juli 2012 untuk menyertakan referensi ke Tambahan Emas.

20. Model kebijakan perusahaan tidak bertujuan untuk mengganti standar saat ini. Perusahaan harus merujuk secara langsung pada setiap standar ini sebelum membuat klaim terkait dengan ketaatan mereka. Referensi untuk standar yang dikutip di seluruh dokumen ditunjukkan setelah elemen terakhir yang disebutkan dan bukan setelah elemen masing-masing yang dikutip. Referensi ini bertujuan untuk membantu perusahaan merujuk pada teks awal standar yang dipertimbangkan dalam Panduan ini untuk detail lebih lanjut tentang isi standar tersebut.

21. Pedoman OECD, II.10 dan VI.3; Prinsip 10 CFS-RAI; VGGT 12.10; Prinsip-Prinsip Panduan PBB, para. 17; CBD, Pasal 14; Pedoman Akwé: Kon; Standar Kinerja 1 IFC, para. 5 dan 8-10.

22. Pedoman OECD, III.1-3, VI.2.a, & VIII.2; Prinsip 9.ii dan 10 CFS-RAI; Prinsip Panduan PBB, para. 21; Standar Kinerja 1 IFC, para. 29; Konvensi Aarhus, Pasal 5. Lihat Lampiran A, 1.1 dan 1.3 di bawah ini. Panduan khusus mengenai interaksi informasi material yang akan dibagikan kepada pemangku kepentingan yang terkena dampak dapat ditemukan di Panduan Uji Tuntas OECD untuk Interaksi Pemangku Kepentingan yang Bermakna dalam Sektor Ekstraktif.

23. Pedoman OECD, VIII.2.

24. Pedoman OECD, II.14 & VI.2.b; Prinsip 9.iii-iv CFS-RAI; VGGT, 9.9 dan 12.11; Prinsip Panduan PBB, para. 18; Prinsip 1 dan 4 PRAI; Pedoman Akwé: Kon, 11, 13-17, dan 57; Standar Kinerja 1 IFC, para. 26-27 dan 30-33. Lihat juga Konvensi ILO No. 169 tentang Penduduk Asli dan Suku, 1989. Lihat Lampiran A, 1.2 di bawah ini. Untuk panduan mengenai interaksi pemangku kepentingan dapat ditemukan di Panduan Uji Tuntas OECD untuk Interaksi Pemangku Kepentingan yang Bermakna dalam Sektor Ekstraktif.

25. Lihat Lampiran B untuk panduan lebih lanjut tentang interaksi dengan penduduk asli dan persetujuan atas dasar informasi awal tanpa paksaan (FPIC).

26. Seperti yang ditekankan pada pendahuluan, sebagai upaya bersama OECD dan FAO, Panduan ini mempertimbangkan beberapa standar selain Pedoman OECD, khususnya Prinsip-Prinsip CFS-RAI, yang menyertakan referensi FPIC yang tidak ditemukan dalam Pedoman OECD. Paragraf ini mengutip Prinsip 9.iv CFS-RAI. Lihat juga Standar Kinerja 7 IFC, para. 12-17; Pedoman Akwé: Kon, 29 dan 60; VGGT, 3B.6, 9.9, dan 12.7; Deklarasi PBB tentang Hak-Hak Penduduk Asli, Pasal 10, 11, dan 32; serta Konvensi ILO No. 169 tentang Penduduk Asli dan Suku, Pasal 16.

27. Pedoman OECD, II.A.1; Prinsip 2.iv, v, dan vii CFS-RAI; VGGT, 12.4; Pedoman Akwé: Kon, 40.

28. Prinsip 2.iv-vii dan 7.i & iii CFS-RAI; VGGT, 12.6; Prinsip 5-6 PRAI; Pedoman Akwé: Kon, 46; Standar Kinerja 7 IFC, para. 14 dan 17-20 serta Standard 8, para. 16. Lihat Juga CBD Pasal 8(j), Protokol Nagoya Pasal 5-7, ITPGR, Pasal 9.2. Keuntungan dapat berupa moneter dan non-moneter: lihat Lampiran untuk Protokol Nagoya. Lihat juga Lampiran A, 1.4 untuk detail lebih lanjut.

29. Pedoman OECD, IV, para. 46 dan VIII.3; Prinsip 9.v CFS-RAI; VGGT, 3.2, 12.14, 25.1, & 25.3; Prinsip 31 Panduan PBB; Prinsip 1 PRAI; Pedoman Akwé: Kon, 63; Deklarasi MNE ILO, 58-59; Standar Kinerja 1 IFC, para. 35, dan Standar Kinerja 5 IFC, para. 11. Lihat juga Lampiran A, 1.5. Panduan Uji Tuntas OECD untuk Interaksi Pemangku Kepentingan yang Bermakna dalam Sektor Ekstraktif menyajikan panduan lebih lanjut tentang mekanisme pengaduan.

30. Prinsip 3 CFS-RAI; Konvensi Penghapusan Semua Bentuk Diskriminasi Terhadap Perempuan (CEDAW).

31. Untuk detail selengkapnya tentang hak asasi manusia yang diakui secara internasional, Anda dapat merujuk pada Pedoman OECD, VI. 39.

32. Pedoman OECD, II.A.2 dan IV; Prinsip 1, 9.iv dan 10 CFS-RAI serta Para. 3, 19.i, 47.v, 50, dan 51; Prinsip Panduan PBB, para. 11. Lihat Lampiran A, 2.

33. Pedoman OECD, IV.1 dan 2.

34. Pedoman OECD, IV.3; VGGT, 3.2; Prinsip 1 PRAI; Pedoman Akwe: Kon, 57; Global Compact PBB, Prinsip 1-2.

35. Pedoman OECD, IV.5; Prinsip 17 Panduan PBB.

36. Pedoman OECD, IV.6; Prinsip Panduan PBB 22.

37. Deklarasi Hak Asasi Manusia Universal, Pasal 2; Prinsip 3.ii CFS-RAI. Sebagaimana disorot dalam Lampiran A, Pedoman OECD (V.1.e) menyatakan bahwa perusahaan harus 'diawasi selama operasi mereka oleh prinsip kesetaraan peluang dan perlakuan di tempat kerja dan tidak mendiskriminasi pekerja mereka sehubungan dengan pekerjaan atau jabatan atas dasar hal-hal seperti ras, warna kulit, jenis kelamin, agama, pandangan

politik, kewarganegaraan dan asal sosial, atau status lainnya'. Komentar 54 menyatakan bahwa istilah "status lainnya" untuk tujuan Pedoman ini merujuk pada kegiatan serikat dagang dan karakteristik pribadi seperti usia, disabilitas, kehamilan, status pernikahan, orientasi seksual, atau status HIV.

38. Pedoman OECD, V.1-3; Prinsip 2.i-ii CFS-RAI; Deklarasi MNE ILO, para. 8; Prinsip Panduan PBB, 12; Standar Kinerja 2 IFC; Hak Anak-Anak dan Prinsip Bisnis 2. Semua anggota ILO harus menghormati standar ketenagakerjaan ini yang mengatur empat prinsip mendasar Deklarasi ILO tentang Prinsip-Prinsip dan Hak Mendasar di Tempat Kerja, terlepas dari konvensi ILO mana yang telah mereka ratifikasi.

39. Pedoman OECD, V.4.b dan V.4.c; Prinsip CFS-RAI 2.iii; Deklarasi MNE ILO 37-40; Standar Kinerja IFC 2, para. 10, 23, 25, 28-29; Hak Anak-Anak dan Prinsip Bisnis 3 dan 4.

40. Deklarasi MNE ILO, 16 dan 25-28. Untuk detail lebih lanjut, lihat Lampiran A, 3 tentang kondisi kerja yang layak.

41. Rekomendasi ILO 198, Pasal 7.a; Standar Kinerja IFC 2, para. 11.

42. Prinsip 3.iv CFS-RAI.

43. Deklarasi Hak Asasi Manusia Universal, Pasal 23.

44. Pedoman OECD, II. A.4; Deklarasi MNE ILO, para. 16 dan 19; Prinsip CFS-RAI 2.iii.

45. Prinsip 2,iii dan 4.ii CFS-RAI; Deklarasi MNE ILO 30-32.

46. Konvensi Perlindungan Kehamilan ILO, 2000 (No. 183); Konvensi Penghapusan Semua Bentuk Diskriminasi Terhadap Perempuan, pasal 11 (2).

47. Prinsip 8.iv CFS-RAI.

48. Pedoman OECD, VIII.1, 6-7; Prinsip-Prinsip CFS-RAI 2.viii dan 8.i, iii dan iv; PRAI, 5.2.1.

49. Pedoman Akwé Kon, 50; Standar Kinerja IFC 4.

50. Prinsip CFS-RAI 1 dan 8.i; VGGT 12.1, 12.4, dan 12.12; Prinsip PRAI 2.2. Lihat Lampiran A, 5. Empat elemen ketahanan pangan, yaitu ketersediaan, aksesibilitas, stabilitas, dan pemanfaatan pangan, tercermin dalam Rencana Tindakan KTT Pangan Dunia tahun 1996 yang diadopsi oleh 112 Kepala atau Kepala Deputi Negara dan Pemerintahan yang berkomitmen untuk *'melaksanakan kebijakan yang bertujuan untuk memberantas kemiskinan dan ketidaksetaraan serta meningkatkan akses fisik dan ekonomi oleh semua, setiap saat, untuk mencukupi, pangan yang memadai dan aman secara gizi dan pemanfaatannya yang efektif; serta melanjutkan kebijakan dan praktik pembangunan pangan, agrikultura, perikanan, hutan, dan desa yang partisipatif dan berkelanjutan, yang sangat penting untuk pasokan pangan yang memadai dan dapat diandalkan di tingkat rumah tangga, nasional, regional, dan global.'*

51. VGGT 4.4 menjelaskan hak kepemilikan yang sah adalah sebagai berikut: *'Sesuai dengan prinsip-prinsip konsultasi dan partisipasi pada Pedoman ini, Negara harus memberikan definisi melalui aturan yang dipublikasikan secara luas kategori hak yang dianggap sah.'*

52. VGGT, 2.4, 3.2, 9.1, 11.4, dan 12.3; Prinsip 5 dan 9.ii serta Para. 51 CFS-RAI; Prinsip-Prinsip Kontrak yang Bertanggung Jawab PBB yang ditambahkan ke Prinsip-Prinsip Panduan PBB dan disahkan oleh Dewan Pimpinan HAM PBB, Prinsip 10.

53. VGGT, 9.1, 12.4, 16.1, dan 16.3; Standar Kinerja IFC 5, para. 2 dan 8 serta Standar 7, para. 15; Hak Anak-Anak dan Prinsip Bisnis 7. Frasa 'kompensasi yang cepat, memadai, dan efektif' dianggap sebagai hukum kebiasaan internasional untuk jenis kompensasi yang harus dibayar dalam pengambilalihan yang sah. Lihat Lampiran A, 6. Perlu diingat, standar yang disebutkan dalam Panduan ini selaras dengan komitmen terhadap nol toleransi pada perpindahan lahan dari hak kepemilikan yang sah yang belum lama ini diambil oleh perusahaan makanan dan minuman.

54. VGGT, 16.1 dan 16.3; Prinsip PRAI 6.2.1; Standar Kinerja IFC 5, para. 9- 10, 12, 19, 27-28, dan Standar Kinerja 7, para 9 dan 14. Sesuai Standar Kinerja IFC 7, para. 14, kompensasi berbasis lahan harus diberikan sebagai pengganti kompensasi uang tunai jika memungkinkan dan akses berkelanjutan ke sumber daya alam harus dipastikan atau sumber daya pengganti yang setara diidentifikasi. Sebagai opsi terakhir, kompensasi berupa uang tunai harus diberikan dan mata pencaharian alternatif harus diidentifikasi.

55. Prinsip 8.ii CFS-RAI. Lihat Lampiran A, 7.

56. Prinsip-prinsip mendasar yang disusun oleh Organisasi Kesehatan Hewan Dunia (OIE). Untuk informasi lebih lanjut, lihat Lima Kebebasan dari Dewan Pimpinan Kesejahteraan Hewan di *www.fawc.org.uk/freedoms.htm*.

57. Peraturan Inggris tahun 2000 (S.I. 2000 No. 1870) dan Peraturan 3(1) tentang kesejahteraan hewan ternak.

58. Pedoman OECD, VI.1; Prinsip 10 CFS-RAI; VGGT 4.3, 11.2, 12.6, dan 12.10; Prinsip PRAI 7; Standar Kinerja IFC 1.1.

59. Daftar zat beracun dapat ditemukan di: daftar bahan kimia pertanian berbahaya Organisasi Kesehatan Dunia (WHO); klasifikasi pestisida berdasarkan kelas bahaya Ia (bahaya sangat tinggi) atau Ib (bahaya tinggi) yang direkomendasikan oleh WHO; Konvensi Stockholm tentang Polutan Organik Persisten (POPs) tahun 2004; Konvensi Rotterdam tentang prosedur persetujuan atas dasar informasi awal untuk bahan kimia dan pestisida berbahaya tertentu dalam perdagangan internasional tahun 2004; Konvensi Basel tentang pengawasan pemindahan limbah berbahaya lintas negara dan pembuangannya tahun 1992; Protokol Montreal tentang zat yang menipiskan lapisan ozon tahun 1999; serta daftar 'Ganti Sekarang' (Substitute It Now/SIN) untuk pestisida.

60. Meskipun sebagian besar instrumen yang telah disahkan melalui proses antarpemerintahan mengacu pada 'efisiensi penggunaan sumber daya', paragraf 9 tentang konsumsi air pada Standar Kinerja 3 IFC lebih tegas dengan mengharuskan perusahaan untuk 'menerapkan langkah-langkah yang menghindari atau mengurangi penggunaan air'.

61. Standar Kinerja 6 IFC, para. 20, mendefinisikan wilayah yang dilindungi hukum adalah wilayah yang memenuhi definisi *Serikat Internasional untuk Konservasi Alam (IUCN)*: 'Ruang geografis yang didefinisikan dengan jelas, diakui, dikhususkan, dan dikelola, melalui hukum atau sarana efektif lainnya, demi tercapainya konservasi alam jangka panjang dengan layanan ekosistem dan nilai-nilai budaya yang terkait.' Hal ini meliputi wilayah yang diusulkan oleh pemerintahan untuk penunjukan tersebut.

62. Pedoman OECD, VI.6; Prinsip 1.i dan 6 CFS-RAI; Prinsip 7 PRAI; Standar Kinerja 3 dan 6 IFC; CBD; Konvensi perdagangan internasional untuk spesies atau flora dan fauna liar terancam punah CITES tahun 1975. Lihat juga Lampiran A, 8.

63. Pedoman OECD, II.A.5 & 7, II.A.15, dan VII; Prinsip CFS-RAI 9.i; VGGT, 6.9, 9.12 & 16.6; Prinsip Global Compact PBB 10. Lihat Lampiran A, 9,1. Selain itu, Standar Internasional untuk Memerangi Pencucian Uang dan Pembiayaan Terorisme dan Proliferasi yang dikembangkan oleh Gugus Tugas Tindak Keuangan dan didukung oleh 180 negara tahun 2003 sangat relevan untuk lembaga keuangan. Tindakan preventif, yang meliputi uji tuntas pelanggan dan penyimpanan catatan, secara khusus sangat berguna untuk memerangi korupsi.

64. Pedoman OECD, XI.1-2. Lihat Lampiran A, 9,2.

65. Pedoman OECD, X.2-3. Lihat Lampiran A, 9,3.

66. Prinsip-Prinsip Tata Kelola Perusahaan G20/OECD merupakan tolok ukur tata kelola perusahaan internasional untuk pembuat kebijakan, investor, perusahaan, dan pemangku kepentingan lain di seluruh dunia. Prinsip tersebut telah diadopsi sebagai salah satu standar utama Dewan Stabilitas Keuangan (FSB untuk sistem keuangan yang sehat dan telah digunakan oleh Kelompok Bank Dunia di lebih dari 60 tinjauan negara di seluruh dunia. Prinsip ini menjadi dasar pedoman tata kelola perusahaan bank yang diterbitkan oleh Komite Basel untuk Pengawasan Perbankan. www.oecd.org/corporate/principles-corporate- governance.htm.

67. Pedoman OECD, IX; Prinsip CFS-RAI 7, iv; Deklarasi MNE ILO, 19; CBD, Pasal 16; Prinsip 9 Global Compact PBB.

68. Standar Kinerja 6 IFC, para. 26.

69. Pedoman OECD, IV, Komentar 44; Prinsip-Prinsip Panduan PBB, para. 16.

70. Codex Alimentarius Commission mendefinisikan keterlacakan sebagai kemampuan untuk mengikuti perpindahan pangan melalui tahapan tertentu dalam produksi, pemrosesan, dan distribusi.

71. *Keterlacakan keseimbangan massa* mengendalikan volume yang tepat pada material yang dianalisis dan disertifikasi yang masuk ke rantai pemasok. Volume produk yang setara yang meninggalkan rantai pemasok dapat dijual atau disertifikasi. Komponen bersertifikat dan tidak bersertifikat dapat dicampur. *Keterlacakan segregasi fisik* mengidentifikasi serta melacak material dan produk yang disertifikasi melalui rantai pemasok. *Rantai penjagaan* mengacu pada dokumentasi kronologis atau jejak berkas yang menunjukkan penyitaan, penjagaan, pengendalian, pemindahan, analisis, dan disposisi produk fisik.

72. Informasi selengkapnya mengenai hal ini dapat ditemukan di Lampiran A, 1.3.

73. Untuk informasi lebih lanjut, Anda dapat melihat: Lampiran A, Bagian 1.5; IFC, 2009; dan Panduan Uji Tuntas OECD untuk Interaksi Pemangku Kepentingan yang Bermakna dalam Sektor Ekstraktif.

74. Seperti yang dirinci pada panduan IISD tentang negosiasi kontrak investasi (IISD, 2014), Analisis Dampak Lingkungan (EIA) kini menjadi praktik yang mapan untuk proyek-proyek di berbagai sektor ekonomi. Sekitar dua per tiga dari kira-kira 110 negara berkembang telah memberlakukan beberapa bentuk legislasi EIA hingga pertengahan 1990-an. Analisis Dampak Sosial kurang begitu umum tetapi makin menjadi bagian dari proses dan praktik EIA. Prinsip-prinsip yang disepakati secara umum untuk analisis dampak sosial masih kurang, tetapi Asosiasi Internasional untuk Analisis Dampak telah menerbitkan rangkaian pedoman yang koheren. Varian lain menyertakan analisis keberlanjutan yang mengintegrasikan sudut pandang sosial,

ekonomi, dan lingkungan atau analisis dampak kumulatif. Ada makin banyak praktik dalam melakukan analisis dampak lingkungan dan sosial bersama-sama. Analisis dampak juga dapat mencakup dampak pada kesejahteraan hewan.

75. Alat analisis risiko seperti yang dikembangkan oleh World Wildlife Fund (WWF) dapat membantu mengidentifikasi risiko. Peralatan tersebut meliputi alat analisis risiko pasokan (*www.supplyrisk.org*) dan filter risiko air (*htttp://waterriskfilter.panda.org*).

76. Informasi selengkapnya dapat ditemukan di Lampiran A, 2 dan 6.

77. Sebagai contoh, baik jasa keuangan digunakan secara khusus untuk menciptakan kepemilikan, membiayai atau mendukung *kinerja umum* klien (mis. pinjaman atau pembiayaan perusahaan umum), atau hanya *kinerja khususnya* (mis. pembiayaan proyek) dapat mencakup ruang lingkup proses uji tuntas yang direkomendasikan oleh Pedoman OECD. Pada kasus pertama, lembaga keuangan kemungkinan besar diharapkan untuk menanggapi semua dampak merugikan yang terkait dengan aktivitas klien. Pada kasus kedua, lembaga keuangan mungkin hanya diharapkan untuk menanggapi dampak kegiatan yang dibiayai atau didukung.

78. Menurut Kantor Komisioner Tinggi Hak Asasi Manusia PBB dalam *Tanggung Jawab Perusahaan untuk Menghormati Hak Asasi Manusia, Sebuah Panduan Interpretasi,* pemulihan bukan hanya proses memberikan pemulihan untuk dampak merugikan tetapi juga hasil substantif yang dapat menetralkan, atau memperbaiki, dampak merugikan tersebut. Bentuk dari hasil ini dapat bermacam-macam, seperti permintaan maaf, restitusi, rehabilitasi, kompensasi materiel maupun imateriel, dan sanksi hukuman (baik pidana atau administratif, seperti denda), serta pencegahan bahaya melalui, misalnya, perintah atau jaminan untuk tidak mengulangi lagi.

79. Program yang dilakukan oleh Inisiatif Keberlanjutan Afrika Selatan (SIZA) menawarkan contoh yang bagus dari program kepatuhan sosial lokal. Program perdagangan etis ini disusun oleh asosiasi petani lokal. Program ini menghasilkan serangkaian standar pemersatu untuk produsen buah Afrika Selatan, berdasarkan hukum setempat, kode referensi, serta proses dan metodologi audit referensi dari Program Kepatuhan Sosial Global, dan konvensi ILO. Peritel besar bekerja sama dengan organisasi lokal untuk membangun kapasitas. Dengan memberdayakan mitra lokal, peritel berusaha memastikan bahwa investasinya pada kinerja sosial rantai pemasok agrikultura di Afrika Selatan tetap berkelanjutan.

80. Setelah bencana Rana Plaza, NCP Prancis menekankan pentingnya audit independen dan berkualitas tinggi dalam laporan berikut: Laporan NCP tentang Implementasi Pedoman OECD dalam Sektor Tekstil dan Pakaian Jadi mengikuti rujukan dari Nicole Bricq, Menteri Perdagangan Luar Negeri, Rekomendasi #6 di halaman 57-58, 2 Desember 2013, *www.tresor.economie.gouv.fr/File/398811*.

81. Sebagai contoh, SGS telah menyusun Program Kepatuhan Sosial Global untuk mengurangi kelelahan audit.

Referensi

FAO (2014), *Innovation in Family Farming*, The State of Food and Agriculture, Food and Agriculture Organization, Rome.

FAO (2012), *Investing in Agriculture for a Better Future*, The State of Food and Agriculture, Food and Agriculture Organization, Rome.

IISD (2014), *Guide to Negotiating Investment Contracts for Farmland and Water*, International Institute for Sustainable Development, Manitoba.

OECD/FAO (2015), *OECD-FAO Agricultural Outlook 2015*, OECD Publishing, Paris, http://dx.doi.org/10.1787/agr_outlook-2015-en

OECD (2014), *Due Diligence in the Financial Sector: Adverse Impacts Directly Linked to Operations, Products or Services by a Business Relationship* http://mneguidelines.oecd.org/global-forum/GFRBC-2014-financial-sector-document-1.pdf.

OECD (2013), *OECD Due Diligence Guidance for Responsible Supply Chains of Minerals from Conflict-Affected and High-Risk Areas: Edisi Kedua*, Bagian Penerbitan OECD, Paris, http://dx.doi.org/10.1787/9789264185050-en.

Lampiran A

Tindakan untuk mitigasi dan pencegahan risiko pada rantai pemasok agrikultura

Dokumen tambahan ini menjelaskan risiko mengenai dampak merugikan yang muncul pada rantai pemasok agrikultura dan mengusulkan langkah-langkah untuk mengurangi serta mencegah dampak tersebut, yang diambil dari standar yang sama dengan model kebijakan perusahaan. Usulan langkah-langkah ini dapat saling memperkuat satu sama lain. Misalnya, menghormati hak-hak tenaga kerja, termasuk pemberian upah dan lingkungan kerja yang baik, dapat mendukung akses ke makanan yang memadai dan membantu mencapai standar tertinggi yang dapat diraih dalam hal kesehatan fisik dan mental. Penerapan usulan langkah-langkah harus mempertimbangkan posisi dan jenis keterlibatan setiap perusahaan dalam rantai pemasok, konteks dan tempat beroperasi, serta ukuran dan kemampuannya.

1. Standar RBC lintas sektor

1.1 Pengungkapan

Risiko

Kurangnya transparansi dapat menciptakan ketidakpercayaan dan memupus kesempatan bagi perusahaan dalam menyelesaikan masalah kecil sebelum berkembang menjadi konflik besar, di sisi lain pembagian informasi yang maksimal dapat mengurangi biaya transaksi untuk semua pemangku kepentingan (FAO, 2010). Kecuali informasi tersebut disampaikan dalam bahasa dan budaya yang memadai, terukur, dapat dipercaya dan tepat waktu, termasuk melalui pertemuan konsultasi dan media umum secara rutin, perusahaan menghadapi risiko tidak sepenuhnya dipahami oleh pemangku kepentingan yang berpotensi terkena dampak atau gagal menjangkau semua pihak terkait (IFC, 2012). Dengan tidak adanya hukum yang jelas dan tegas yang mengatur transparansi dan pengungkapan, diperlukan adanya uji tuntas yang ditingkatkan (OECD, 2006).

Langkah-langkah mitigasi risiko

- **Memberikan informasi yang tepat waktu dan akurat** kepada publik, tanpa membahayakan posisi kompetitif atau kewajiban pada pemilik manfaat dari perusahaan, tentang:

  - tujuan, sifat, dan skala operasi
  - perjanjian sewa dan/atau kontrak dan persyaratannya
  - aktivitas, struktur, kepemilikan, dan tata kelola kondisi
  - keuangan perusahaan dan kinerja perusahaan
  - kebijakan RBC dan proses implementasi, termasuk proses keterlibatan pemangku kepentingan serta ketersediaan mekanisme pengaduan dan ganti rugi

- Analisis Dampak Lingkungan, Sosial, dan Hak Asasi Manusia (*Social and Human Rights Impact Assessment*, ESHRIA), termasuk faktor risiko yang dapat diprediksi sebelumnya, seperti potensi dampak terhadap lingkungan, sosial, HAM, kesehatan, dan keselamatan akibat operasi perusahaan pada berbagai pemangku kepentingan serta di situs yang disucikan atau tanah dan perairan yang digunakan secara tradisional atau ditempati oleh penduduk asli dan masyarakat lokal
- rencana pengelolaan lingkungan, sosial, dan HAM serta karakteristik produk.[1]

- **Menyebarkan informasi** melalui semua sarana pemberitahuan yang tepat (media cetak, elektronik dan sosial, termasuk surat kabar, radio, televisi, surat menyurat, pertemuan lokal, dll.), dengan mempertimbangkan kondisi masyarakat terpencil atau terisolasi dan sebagian besar tidak melek huruf serta memastikan bahwa pemberitahuan dan konsultasi tersebut dilakukan dalam bahasa masyarakat yang terkena dampak.[2]
- Dalam hal ancaman langsung terhadap kesehatan manusia atau lingkungan, **bagikan segera** dan tanpa ada penundaan semua informasi yang memungkinkan pihak berwenang dan masyarakat mengambil tindakan untuk mencegah atau mengurangi kerugian yang timbul dari ancaman tersebut.[3]
- **Menyesuaikan kebijakan pengungkapan** dengan sifat, ukuran, dan tempat operasi, dengan memperhatikan biaya, kerahasiaan bisnis, dan masalah persaingan lainnya.[4]

1.2 Konsultasi

Risiko

Kurangnya konsultasi dengan pemangku kepentingan yang mungkin terkena dampak dari operasi menghalangi perusahaan untuk secara realistis menganalisis kelayakan proyek dan mengidentifikasi langkah-langkah respons yang efektif dan sesuai konteks. Konsultasi yang inklusif dan benar-benar transparan dapat menurunkan biaya transaksi, mengurangi konflik, dan membangun kepercayaan di antara pemangku kepentingan.

Langkah-langkah mitigasi risiko

- Kembangkan dan implementasikan **rencana keterlibatan pemangku kepentingan** yang disesuaikan dengan risiko, dampak, dan tahap pengembangan operasi serta dengan karakteristik dan kepentingan dari masyarakat yang terkena dampak. Jika dapat diterapkan, rencana tersebut harus mencakup langkah-langkah yang berbeda untuk mengefektifkan partisipasi dari mereka yang diidentifikasi sebagai pihak yang dirugikan atau yang rentan.[5]
- Lakukan konsultasi dengan **komunitas yang berpotensi terkena dampak** sejak dini dan dengan tetap menjunjung iktikad baik, efektif, dan bermakna, sembari memperhatikan standar internasional yang dikutip dalam Lampiran B. Konsultasi seperti ini harus terus dilakukan setiap kali terdapat perubahan dalam operasi.[6]
- Lakukan konsultasi dan proses membuat keputusan **tanpa intimidasi** dan sikap saling percaya, sebelum membuat keputusan, dan tanggapi kontribusi dengan mempertimbangkan ketidakseimbangan kekuatan yang ada di antara berbagai pihak.[7]
- Jika diperlukan, upayakan **bantuan teknis dan hukum** untuk masyarakat yang terkena dampak guna berpartisipasi dalam pengembangan proyek dengan cara yang tidak mendiskriminasi, bersama dengan perwakilan lembaga masyarakat yang terkena dampak dan bekerja sama dengan mereka.

- Lakukan **pertimbangan penuh dan adil dari pandangan yang diutarakan** selama konsultasi, berikan waktu yang cukup antara pemberitahuan dan konsultasi publik tentang operasi yang diajukan terhadap masyarakat yang terkena dampak untuk mempersiapkan tanggapan mereka, dan memberi tahu mereka bahwa kekhawatiran mereka telah dipertimbangkan.[8]

- **Dokumentasikan dan implementasikan kesepakatan** yang dihasilkan dari konsultasi, termasuk menetapkan proses dari pandangan dan kekhawatiran masyarakat dapat dicatat dengan baik. Meskipun perjanjian tertulis lebih disukai, pandangan anggota masyarakat juga dapat direkam melalui rekaman video atau suara, atau cara tepat lainnya, dengan persetujuan masyarakat tersebut.[9]

- Sebisa mungkin, pastikan bahwa **perwakilan masyarakat** benar-benar mewakili pandangan pemangku kepentingan yang mereka wakili dan bahwa mereka dapat dipercaya untuk menyampaikan hasil konsultasi tersebut kepada konstituen mereka.

- Saat melakukan **analisis dampak**, buat mekanisme untuk partisipasi masyarakat, termasuk kelompok rentan, dalam merancang dan melakukan analisis, mengidentifikasi pelaku yang bertanggung jawab untuk kewajiban, ganti rugi, asuransi dan kompensasi, serta menetapkan proses tinjauan dan banding.[10]

1.3 Analisis dampak

Risiko

Perusahaan dapat menghindari atau, jika tidak dapat dihindari, memitigasi dampak merugikan aktual dan potensial dari operasi, proses, barang, dan jasa mereka dengan menganalisis risiko dampak tersebut selama siklus proses keseluruhan mereka secara berkelanjutan. Analisis tersebut dapat memungkinkan mereka untuk mengembangkan pendekatan yang komprehensif dan berwawasan terhadap pengelolaan risiko, termasuk risiko yang timbul dari operasi mitra bisnis mereka.[11]

Langkah-langkah mitigasi risiko

- Sertakan **tahap-tahap berikut** dalam analisis dampak:

  1. Skrining, misalnya menentukan usulan mana yang harus tunduk pada analisis dampak, untuk mengecualikan usulan yang tidak mungkin memiliki dampak merugikan dan untuk menunjukkan tingkat analisis yang diperlukan.
  2. Penentuan ruang lingkup, yaitu menentukan fokus dari analisis dampak dan masalah utama yang akan dipelajari.
  3. Analisis dampak.
  4. Identifikasi langkah-langkah mitigasi, termasuk, jika sesuai dengan keadaan: tidak melanjutkan proses; menemukan alternatif untuk menghindari dampak merugikan; menggabungkan perlindungan dalam rancangan operasi; atau menyediakan kompensasi materiel dan/atau non-materiel untuk dampak merugikan.

- Mencakup, sebagaimana mestinya, **kemungkinan dampak** berikut (mungkin relevan untuk mencangkup tidak hanya dampak merugikan tetapi juga dampak positif untuk meningkatkan dampak positif tersebut) saat melakukan analisis dampak lingkungan, sosial, dan hak asasi manusia (ESHRIA):

  – dampak lingkungan, seperti yang ada pada tanah, air, udara, hutan, dan keanekaragaman hayati[12]

- dampak sosial yang mungkin memengaruhi kesejahteraan, daya hidup, dan kelangsungan hidup masyarakat yang terkena dampak, termasuk kualitas hidup seperti yang terukur dalam hal distribusi pendapatan, integritas fisik dan sosial, serta perlindungan individu dan komunitas, tingkat dan kesempatan kerja, kesehatan dan kesejahteraan, pendidikan, dan ketersediaan serta standar rumah dan akomodasi, infrastruktur, pelayanan
- dampak hak asasi manusia yang mungkin memengaruhi, misalnya kenyamanan hak ekonomi, sosial, budaya, sipil, dan politik dari masyarakat yang terkena dampak
- dampak pada warisan budaya, cara hidup, nilai, sistem kepercayaan, bahasa, adat istiadat, ekonomi, hubungan dengan pemerintah lokal dan entitas tertentu, organisasi sosial, dan tradisi dari masyarakat yang terkena dampak
- dampak pada perempuan dengan memperhatikan peran mereka sebagai penyedia makanan, penjaga keanekaragaman hayati, dan pemegang pengetahuan tradisional[13]
- dampak pada kesejahteraan hewan.

- Ajak **masyarakat yang terkena dampak** agar terlibat dalam membuat analisis dampak, kumpulkan informasi dari mereka, dan berikan umpan balik yang rutin di semua tahapan analisis dampak.[14]
- Analisis risiko dan dampak pada konteks **area pengaruh proyek** yang melibatkan elemen fisik, aspek, dan fasilitas yang kemungkinan menimbulkan dampak dari sebuah proyek.[15]

1.4 Pembagian keuntungan

Risiko

Untuk menghindari risiko timbulnya oposisi lokal dan untuk mengurangi biaya transaksi, perusahaan harus mencari cara untuk memaksimalkan dampak positif dari operasi mereka terhadap masyarakat lokal. Terlibat dalam konsultasi tentang manfaat dari operasi mereka di antara berbagai pemangku kepentingan dapat membangun kepercayaan, membantu untuk memastikan penerimaan lokal, dan membangun aliansi jangka panjang antarpihak sembari mencegah konflik. Memastikan bahwa operasi memberikan manfaat kepada pemangku kepentingan ini juga dapat memfasilitasi identifikasi lokasi yang dapat diterima untuk operasi serta dapat memanfaatkan pengetahuan lokal untuk memastikan penggunaan yang optimal dari potensi agroekologi (FAO, 2010; PBB, 2009).

Pembagian keuntungan dipisahkan (dan mungkin bersifat tambahan) dari kompensasi untuk dampak merugikan yang tidak dapat dihindari; tujuannya adalah untuk membangun kerja sama antarperusahaan dan penduduk asli atau masyarakat lokal sebagai pengakuan dari kontribusi mereka terhadap operasi. Pada kondisi tertentu, penduduk asli atau masyarakat lokal mungkin berhak untuk berbagi manfaat yang timbul dari operasi jika perusahaan menggunakan lahan, sumber daya, atau pengetahuan mereka.[16] Manfaat tersebut bisa berupa materiel atau non-materiel[17] sesuai dengan perjanjian antara perusahaan dan masyarakat terkait sebagai bagian dari proses konsultasi. Keputusan mengenai jenis keuntungan dapat diinformasikan oleh ESHRIA.[18]

Namun, ada juga risiko yang terkait dengan pembagian keuntungan. Perusahaan menghadapi risiko konflik dengan penduduk asli saat, setelah negosiasi perjanjian pembagian keuntungan, keuntungan tidak sebenarnya dibagikan kepada seluruh masyarakat tetapi diambil oleh kelompok pemangku kepentingan tertentu. Pembagian keuntungan mungkin disetujui oleh beberapa, tetapi tidak semua, komunitas terkait, yang mengakibatkan pengucilan masyarakat tertentu. Risiko tersebut dapat dicegah melalui keterlibatan pemangku kepentingan yang bermakna dalam proses uji tuntas.

Langkah-langkah mitigasi risiko

- Berupaya keras **mengidentifikasi peluang** untuk keuntungan pembangunan, seperti: membuka peluang kerja dengan lingkungan yang aman dari hulu ke hilir bagi masyarakat setempat; mendiversifikasi kesempatan mendapatkan pemasukan; mengembangkan kemampuan; melakukan pengadaan lokal; mentransfer teknologi; mengembangkan infrastruktur lokal; memperbaiki akses ke kredit dan pasar, khususnya untuk bisnis skala kecil dan menengah; melakukan pembayaran untuk layanan lingkungan; mengalokasikan pendapatan; atau membuat dana perwalian.[19]
- Memastikan bahwa operasi **sejalan dengan prioritas pengembangan** dan tujuan sosial dari pemerintah setempat.[20]
- Membagikan **keuntungan materiel dan non-materiel** yang timbul dari operasi yang melibatkan lahan, sumber daya, dan pengetahuan masyarakat lokal, berdasarkan proses konsultasi dan ESHRIA, dengan cara yang tidak menguntungkan kelompok tertentu secara tidak adil, tetapi mendorong pengembangan sosial yang adil dan berkelanjutan.[21]

1.5 Mekanisme pengaduan

Risiko

Mekanisme pengaduan tingkat operasional dirancang sebagai sistem kesadaran risiko peringatan dini ini menawarkan cara yang berbasis lokal, disederhanakan, dan saling menguntungkan untuk menyelesaikan masalah-masalah antara perusahaan dan masyarakat yang terkena dampak, termasuk pemegang hak kepemilikan, dengan membantu menyelesaikan perselisihan kecil dengan cepat, terjangkau, dan adil sebelum diangkat ke mekanisme penyelesaian sengketa formal, termasuk pengadilan yuridis (IFC, 2009). Mereka dapat memberikan umpan balik yang berharga ke perusahaan dengan: berfungsi sebagai sistem peringatan dini untuk masalah yang lebih besar; menghasilkan wawasan dari individu yang menyoroti peluang untuk pengembangan pada operasi perusahaan atau sistem manajemen; dan menunjukkan kemungkinan perubahan sistemik untuk memastikan pengaduan tertentu tidak terulang (CAO, 2008).

Langkah-langkah mitigasi risiko

- **Skalakan** mekanisme pengaduan berdasarkan risiko dan dampak merugikan dari operasi, dengan tujuan menyelesaikan masalah dengan cepat, menggunakan proses konsultasi yang mudah diakses, sesuai dengan budaya, mudah dimengerti, dan transparan, tanpa retribusi kepada pihak yang menimbulkan masalah atau kekhawatiran.[22]
- **Berinteraksi dengan pemangku kepentingan yang terkena dampak** mengenai rancangan dan kinerja mekanisme untuk memastikan bahwa: mekanisme memenuhi kebutuhan mereka; mereka akan menggunakannya dalam praktik; dan terdapat kepentingan bersama untuk memastikan keberhasilannya.[23]
- Hindari menggunakan mekanisme pengaduan yang dibuat oleh perusahaan yang **menghalangi akses** ke mekanisme pengaduan yuridis maupun non-yuridis, termasuk NCP di bawah Pedoman OECD, atau melemahkan peran serikat pekerja dalam menangani perselisihan terkait perburuhan.[24]

Sebagai tambahan, kriteria efektivitas untuk mekanisme pengaduan non-yuridis yang terkandung dalam Prinsip Panduan PBB (Prinsip 31) memberikan poin referensi penting: mekanisme pengaduan non-yuridis, baik berbasis negara maupun yang bukan, harus mengikuti kriteria yang dirinci pada Tabel A.1 agar berjalan efektif.

Tabel A.1. **Karakteristik mekanisme pengaduan yang efektif**

Sah	Memungkinkan kepercayaan dari kelompok pemangku kepentingan yang penggunaannya dimaksudkan, dan bertanggung jawab atas pelaksanaan proses pengaduan yang adil.
Mudah diakses	Diketahui oleh seluruh kelompok pemangku kepentingan yang penggunaannya dimaksudkan, dan memberikan bantuan yang memadai untuk mereka yang memiliki rintangan tertentu untuk mengakses.
Mudah diprediksi	Menyediakan prosedur yang jelas dan diketahui dengan kerangka waktu indikatif untuk setiap tahap, dan kejelasan pada jenis proses dan hasil yang tersedia serta sarana implementasi pengawasan.
Adil	Berupaya memastikan agar pihak yang dirugikan memiliki akses yang memadai ke sumber informasi, saran, dan keahlian yang dibutuhkan untuk terlibat dalam proses pengaduan dengan cara yang adil, berbasis informasi, dan terhormat.
Transparan	Menginformasikan progres atas keluhan yang diajukan oleh pihak-pihak, dan memberikan informasi yang cukup mengenai performa mekanisme untuk membangun kepercayaan atas efektivitasnya dan memenuhi kepentingan publik yang dipertaruhkan.
Sesuai hak	Memastikan bahwa hasil dan solusi sesuai dengan hak asasi manusia yang diakui secara internasional.
Sumber pembelajaran yang berkelanjutan	Mengambil langkah-langkah yang relevan guna mengidentifikasi pelajaran untuk mengembangkan mekanisme serta mencegah keluhan dan kerugian di kemudian hari.
Didasarkan pada interaksi dan dialog	Berkonsultasi dengan kelompok pemangku kepentingan yang penggunaannya dimaksudkan pada rancangan dan kinerja mereka, dan berfokus pada dialog sebagai sarana untuk menangani dan menyelesaikan keluhan.

Sumber: Prinsip Panduan PBB, Prinsip 31.

2. Hak asasi manusia

Risiko

Perusahaan berisiko tidak menghormati hak asasi manusia saat mereka menyebabkan atau berkontribusi terhadap dampak merugikan pada hak asasi manusia dalam konteks kegiatan mereka sendiri dan tidak mampu mengatasi dampak tersebut saat terjadi. Mereka harus mencegah dan memitigasi dampak merugikan pada hak asasi manusia yang secara langsung berkaitan dengan operasi, produk, atau layanan bisnis mereka berdasarkan hubungan bisnis.[25] Tanggung jawab perusahaan untuk menghormati hak asasi manusia secara independen dari kemampuan negara dan/atau keinginan untuk memenuhi kewajiban hak asasi manusia mereka sendiri dan tidak mengurangi kewajiban ini.[26] Jika peraturan negara tidak disusun dengan baik atau dipaksakan, perusahaan harus menggunakan uji tuntas yang ditingkatkan dalam mengidentifikasi dan mengatasi risiko dampak merugikan pada hak asasi manusia ini.

Interdependensi seluruh hak asasi manusia, termasuk ekonomi, sosial, budaya, sipil dan hak politik, harus diingat. Perusahaan harus secara berkala meninjau tanggung jawab mereka terkait dengan hak asasi manusia untuk memahami secara kualitatif seandainya mereka tidak menghormati hak asasi manusia, termasuk yang secara khusus tidak dibahas dalam Panduan ini.

Langkah-langkah mitigasi risiko

- **Identifikasi pemegang hak** yang berpotensi terkena dampak oleh operasi perusahaan dan mitra bisnisnya. Hal ini umumnya memerlukan tinjauan pencarian fakta yang mendalam dari operasi dan hubungan aktual atau potensial perusahaan, dan selanjutnya mengevaluasi secara kualitatif operasi-operasi tersebut terhadap standar hak asasi manusia untuk mengidentifikasi pelaku yang haknya terkena dampak. Konsultasi proaktif dengan pemangku kepentingan terkait diperlukan untuk benar-benar memahami seluruh potensi dampak merugikan dari operasi dan hubungan perusahaan.[27]
- **Lakukan uji tuntas hak asasi manusia** dengan menganalisis dampak merugikan potensial dan aktual pada hak asasi manusia,[28] mengintegrasikan dan bertindak berdasarkan temuan, melacak tanggapan, dan menyampaikan cara penyelesaian dampak. Uji tuntas hak asasi manusia adalah latihan berkelanjutan, yang mengakui bahwa risiko hak asasi manusia mungkin berubah seiring berjalannya waktu karena operasi dan konteks operasi berkembang.[29]
- Pastikan **seluruh pemangku kepentingan yang terlibat diperlakukan dengan adil**, terutama kelompok dengan kondisi rentan seperti wanita, generasi muda, dan kaum minoritas, mengakui kondisi, kendala, dan kebutuhan masing-masing.[30]
- Kenali peran vital perempuan dalam bidang pertanian dan ambil langkah yang tepat untuk menghapus **diskriminasi terhadap perempuan** serta membantu memastikan pengembangan dan peningkatan profesionalitas mereka secara penuh,[31] termasuk memfasilitasi akses dan kontrol yang setara atas sumber daya alam, masukan, alat-alat produksi, layanan konseling dan finansial, pelatihan, pasar, serta informasi.[32]

3. Hak tenaga kerja

Risiko

Perusahaan dapat membawa manfaat besar terhadap negara dan masyarakat tuan rumah dengan berkontribusi terhadap ekonomi dan kesejahteraan sosial melalui peningkatan standar hidup dan penciptaan lapangan pekerjaan yang menarik, serta dengan memfasilitasi penghayatan hak asasi manusia dan hak tenaga kerja. Selain memastikan standar pekerja inti untuk pekerja mereka sendiri, mereka dapat membantu meningkatkan kondisi kerja dari pekerja informal, termasuk di pertanian subsisten.

Negara-Negara Pendukung Perjanjian Internasional tentang Hak-Hak Ekonomi, Sosial, dan Budaya (ICESCR) mengakui hak-hak kenyamanan kondisi kerja yang adil dan menguntungkan (Pasal 7) dan untuk membentuk serikat kerja (Pasal 8). Perjanjian Internasional tentang Hak-Hak Sipil dan Politik (ICCPR) juga melindungi hak untuk membentuk dan bergabung dengan serikat kerja. Konvensi ketenagakerjaan internasional[33] juga menangani hak yang berkaitan dengan pekerjaan.[34] Jika perjanjian hak asasi manusia seperti ICESCR dan ICCPR ditujukan kepada negara, perusahaan mungkin memberikan dampak negatif pada kenyamanan hak yang dikandungnya.

Oleh karena itu, mereka memiliki peran penting untuk mendukung realisasi progresif atas hak-hak ini. Menghormati hak-hak tenaga kerja yang terkandung dalam konvensi ini, termasuk delapan dasar konvensi ILO, dapat membantu perusahaan meminimalkan dampak negatif dan memaksimalkan dampak positif. Sebagai contoh, membangun dialog yang tulus dengan perwakilan pekerja yang dipilih secara bebas dapat membuat pekerja dan pengusaha lebih memahami tantangan satu sama lain dan mencari cara untuk menyelesaikannya (ILO, 2006).

Namun, menghormati hak-hak tenaga kerja pada sektor pertanian dapat menjadi sebuah tantangan karena pekerja lepas dan upah tetap bersifat informal, dan banyak pekerja pertanian berada di luar cakupan hukum tenaga kerja (PBB, 2009). 60% dari pekerja anak yang berusia 5-17 bekerja di sektor agrikultura (ILO, 2011a). Kondisi kerja dan hidup dari pekerja perkebunan juga terus menjadi sumber perhatian, terutama uji kehamilan wajib, lilitan utang, dan risiko kesehatan yang berkaitan dengan meluasnya penyalahgunaan pestisida (PBB, 2009).

Kelompok marginal, seperti perempuan, generasi muda, penduduk asli dan pekerja migran, serta pekerja lepas, borongan, atau musiman, dan pekerja informal, sering kali menghadapi kondisi kerja yang kasar atau membahayakan kesehatan (PBB, 2009). Kondisi perempuan menimbulkan risiko berikut: pada negara berkembang, 43% tenaga kerja pertanian terdiri dari perempuan, tetapi industri pertanian cenderung memberikan kode bahwa perempuan tidak terampil, mempekerjakan perempuan untuk tugas yang berat dan membayarnya lebih rendah daripada laki-laki dengan peluang kemajuan yang lebih sedikit (ILO, 2011b).

Pelanggaran terhadap hak-hak inti tenaga kerja dapat mendorong ketegangan sosial yang dapat mengganggu kinerja perusahaan. Perusahaan yang menggunakan praktik pekerjaan yang diskriminatif membatasi aksesnya ke talenta dari rangkaian kompetensi keterampilan yang lebih luas. Rasa ketidakadilan dan kebencian yang ditimbulkan karena diskriminasi sangat mungkin memengaruhi kinerja pekerja (ILO, 2008).

Langkah-langkah mitigasi risiko[35]

Perlindungan pekerja

- Berpegang teguh pada **prinsip kesetaraan kesempatan dan perlakuan dalam pekerjaan** selama operasi dan tidak mendiskriminasi pekerja terhadap pekerjaan atau pekerjaan atas dasar ras, warna, orientasi seksual, identitas gender, agama, opini politik, kebangsaan atau asal sosial, atau status lainnya, kecuali selektivitas mengenai karakteristik pekerja lebih lanjut menetapkan kebijakan pemerintah yang secara spesifik mempromosikan kualitas peluang kerja yang lebih besar atau terkait dengan persyaratan yang melekat pada pekerjaan; membuat kualifikasi, keterampilan dan pengalaman dasar untuk rekrutmen, penempatan, pelatihan, dan kemajuan staf di semua level.[36]

- Patuhi **usia minimal** yang diizinkan untuk bekerja atau berupaya menjamin penghapusan pekerja anak yang efektif.[37]

- Hindari untuk mempekerjakan atau mengambil manfaat dari **tenaga kerja paksa**, yang terdiri dari pekerjaan atau jasa apa pun yang tidak dilakukan secara sukarela yang dituntut dari individu di bawah ancaman kekerasan atau hukuman.

- **Awasi** rantai pemasok utama secara berkelanjutan untuk mengidentifikasi adanya perubahan signifikan atau risiko baru atau kejadian tenaga kerja anak dan/atau paksa, serta bekerja sama dengan pemasok utama untuk mengambil tindakan korektif dan memperbaikinya.[38]

Kondisi kerja yang layak

- Patuhi **standar ketenagakerjaan** dan hubungan industri yang tidak kurang menguntungkan dibandingkan dengan yang dipatuhi oleh pemberi kerja yang sebanding. Jika tidak ada pemberi kerja yang sebanding di negara perusahaan beroperasi, berikan upah, manfaat, dan kondisi kerja yang sebaik mungkin sesuai kerangka kebijakan pemerintah. Hal tersebut setidaknya cukup untuk memenuhi kebutuhan dasar pekerja dan keluarganya.[39]
- Upayakan memberi pekerja **pekerjaan yang stabil**, dan mematuhi kewajiban yang dinegosiasikan dengan bebas berkaitan dengan stabilitas pekerjaan dan jaminan sosial.[40]
- Dengan mempertimbangkan perubahan pada operasi yang akan berdampak besar pada ketenagakerjaan, berikan **pemberitahuan yang wajar atas perubahan tersebut** kepada perwakilan pekerja, dan, jika sesuai, kepada otoritas pemerintahan terkait, serta bekerja sama dengan mereka untuk mengurangi dampak merugikan semaksimal mungkin.[41]

Perwakilan pekerja dan perundingan bersama

- Sadari pentingnya **hubungan yang saling memahami dan percaya** yang menguntungkan bagi aspirasi para pekerja.[42]
- Sadari bahwa pekerja, tanpa diskriminasi apa pun, memiliki hak untuk **membentuk dan bergabung dengan organisasi** sesuai dengan pilihan mereka tanpa izin terlebih dahulu.
- Bentuk sistem **konsultasi dan kerja sama** reguler antara pengusaha dan pekerja serta perwakilannya mengenai hal yang menjadi perhatian bersama, juga dengan pihak yang berwenang untuk memastikan kepatuhan terhadap kebijakan pembangunan sosial nasional.
- Bangun sistem untuk memberikan **informasi** berkala kepada pekerja dan perwakilannya untuk mendukung negosiasi yang bermakna mengenai kondisi kerja dan untuk memungkinkan mereka dalam mendapatkan pandangan yang benar serta adil dari kinerja perusahaan.[43]
- Hindari melakukan **tindakan diskriminasi atau disipliner** terhadap pekerja yang membuat laporan bonafide ke manajemen atau, sesuai dengan otoritas publik yang berwenang mengenai praktik yang bertentangan dengan hukum, Pedoman OECD, atau kebijakan perusahaan.
- Jangan mengancam untuk **memindahkan** seluruh atau sebagian dari unit operasi dari negara bersangkutan atau memindahkan pekerja dari entitas komponen di negara lain untuk memengaruhi negosiasi yang tidak adil dengan perwakilan pekerja atau untuk menghalangi pelaksanaan hak pekerja untuk berorganisasi.
- Jangan membalas, mengganggu, atau mendiskriminasi **perwakilan pekerja**.[44]
- Izinkan perwakilan pekerja yang berwenang untuk bernegosiasi di **perundingan bersama atau hubungan manajemen tenaga kerja.**
- Sertakan dalam perjanjian bersama ketentuan untuk **penyelesaian perselisihan** yang timbul karena interpretasi dan penerapannya serta untuk memastikan hak-hak dan tanggung jawab saling dihormati.[45]

Tenaga kerja lokal

- Sebisa mungkin dan tanpa diskriminasi, **pekerjakan pekerja lokal**, termasuk dalam posisi manajerial, dan berikan pelatihan dengan maksud untuk mengembangkan tingkat keterampilan, bekerja sama dengan perwakilan pekerja dan, jika perlu, otoritas pemerintah terkait.[46]

Pelatihan

- Pastikan **pelatihan yang relevan** diberikan kepada pekerja di semua tingkat untuk memenuhi kebutuhan operasi, jika perlu, bekerja sama dengan otoritas pemerintah terkait serta organisasi pengusaha dan pekerja. Pelatihan tersebut sebisa mungkin harus mengembangkan keterampilan yang berguna secara umum dan meningkatkan peluang karier.
- Jika beroperasi di negara berkembang, berpartisipasilah dalam program yang dianjurkan oleh pemerintah serta didukung oleh organisasi pengusaha dan pekerja yang bertujuan untuk mendorong pengembangan dan **pembentukan keterampilan** dan menyediakan panduan kejuruan.[47]
- Berikan program pelatihan, pendidikan, dan bimbingan yang layak kepada **generasi muda** untuk meningkatkan kemampuan mereka dan/atau akses ke pekerjaan dan kewirausahaan yang layak, serta mendukung akses pelatihan oleh perempuan.[48]
- Jika memungkinkan, **sediakan layanan sumber daya personel terampil** untuk membantu program pelatihan yang diselenggarakan oleh pemerintah sebagai bagian dari kontribusi ke pembangunan nasional.[49]

4. Kesehatan dan keselamatan

Risiko

Aktivitas pertanian sering melibatkan beberapa kegiatan yang paling berbahaya untuk pekerja dan beberapa pekerja pertanian mengalami kecelakaan serta penyakit yang diakibatkan oleh pekerjaan. Terpapar cuaca yang buruk, kontak erat dengan hewan atau tumbuhan berbahaya, penggunaan produk kimia yang berlebih, postur kerja yang sulit dan waktu kerja yang panjang, serta penggunaan alat dan mesin berbahaya semuanya menyebabkan masalah kesehatan (IFPRI, 2006). Misalnya, jumlah keracunan pestisida diperkirakan antara 2 hingga 5 juta setiap tahun, dengan 40.000 di antaranya berakibat fatal (ILO, 2005 dan 2011b). Perubahan tata guna lahan, hilangnya daerah penyangga alami, seperti lahan basah, bakau, dan hutan dataran tinggi yang mengurangi dampak bencana alam (banjir, longsor, dan kebakaran), atau sumber daya alam yang menyusut atau terdegradasi, termasuk berkurangnya kualitas, kuantitas, dan ketersediaan air tawar, dapat menyebabkan peningkatan kerentanan dan dampak terkait keselamatan masyarakat (IFC, 2012).

Kesehatan manusia dapat terancam dengan tingkat bahaya hayati, kimia, atau fisik yang tidak aman pada sektor pangan. Bahaya ini berasal dari lingkungan (mis. metal beracun, dioksin, dan racun alami), praktik pertanian (mis. residu obat hewan dan pestisida), atau penanganan produk yang buruk (mis. jamur patogen). Bahaya fisik meliputi kotoran, hama, rambut, atau plastik. Sistem manajemen ketahanan pangan, termasuk sistem kontrol 'farm to fork' lengkap yang menggabungkan langkah-langkah keamanan hayati dan penggunaan air bersih, dapat mencegah risiko-risiko ini.

Kesehatan manusia juga erat kaitannya dengan kesehatan hewan. Konsep "One Health" tercetus dari kesadaran atas peluang besar yang ada untuk melindungi kesehatan masyarakat melalui kebijakan yang bertujuan untuk mencegah dan mengendalikan patogen pada tingkat populasi hewan, pada antarmuka antara manusia, hewan, dan lingkungan. Konsep ini didukung oleh beberapa pemerintah dan menghasilkan tindakan yang bertujuan untuk mencegah penyakit yang memengaruhi manusia dan hewan serta untuk memastikan penggunaan antibiotik yang bertanggung jawab untuk keduanya.[50] Sebanyak 60% patogen yang menyebabkan penyakit menular pada manusia berasal dari hewan. Penyakit-penyakit ini, dikenal sebagai zoonosis, dapat ditularkan oleh hewan piaraan atau liar. Penyakit hewan yang dapat ditularkan ke manusia menimbulkan risiko kesehatan masyarakat di seluruh dunia. Solusi yang efektif dan ekonomis untuk melindungi manusia adalah dengan membasmi patogen zoonosis melalui kontrol mereka di sumber hewani.

ICESCR memberikan realisasi progresif hak untuk menikmati standar tertinggi yang dapat dicapai dari kesehatan fisik dan mental (Pasal 12). Komite Hak Ekonomi, Sosial, dan Budaya[51] menafsirkan hak ini sebagai 'hak inklusif yang meluas tidak hanya untuk perawatan kesehatan yang tepat waktu dan tepat guna saja, tetapi juga faktor penentu yang mendasari, seperti akses ke air bersih dan dapat diminum dan sanitasi yang memadai, pasokan yang memadai untuk pangan, gizi, dan tempat tinggal yang aman, kondisi kerja dan lingkungan yang sehat, serta akses ke pendidikan dan informasi terkait kesehatan'. Komite menjelaskan bahwa 'hak atas kesehatan, seperti semua hak asasi manusia, membebankan tiga jenis atau tingkat kewajiban pada Pemangku Negara: kewajiban untuk menghormati, melindungi, dan memenuhi. Nantinya, kewajiban untuk memenuhi mencakup kewajiban untuk memfasilitasi, menyediakan, dan mendukung'.[52]

Karena perjanjian hak asasi manusia seperti ICESCR ditujukan kepada negara, perusahaan mungkin memberikan dampak negatif pada realisasi progresif dari hak untuk menikmati standar tertinggi yang dapat dicapai dari kesehatan fisik dan mental atau melemahkan tindakan Pemangku Negara untuk mewujudkannya secara progresif. Oleh karena itu, mereka memiliki peran penting untuk mendukung realisasi progresif atas hak-hak ini. Selain risiko kesehatan langsung yang dijelaskan di atas, operasi pertanian dan sistem pangan dapat memengaruhi kesehatan individu secara tidak langsung.

Langkah-langkah mitigasi risiko[53]

- Evaluasi **risiko dan dampak** pada kesehatan dan kesejahteraan masyarakat yang terkena dampak selama operasi.
- Tetapkan **langkah-langkah pencegahan dan kontrol** yang sesuai dengan praktik industri internasional yang baik,[54] dan sesuai dengan sifat serta besarnya risiko dan dampak yang diketahui, mencoba untuk menghindari, dan, jika tidak berhasil, untuk meminimalkan risiko dan dampak.
- Hindari atau minimalkan pekerja, pihak ketiga, dan komunitas terpapar **material dan zat berbahaya** yang mungkin dihasilkan oleh operasi, termasuk dengan memodifikasi, mengganti, atau menghilangkan situasi atau material yang menyebabkan potensi bahaya, dan dengan melakukan usaha yang wajar untuk mengendalikan keamanan pengiriman, pemindahan, serta pembuangan material dan limbah berbahaya.
- Hindari atau minimalkan kemungkinan komunitas terpapar **penyakit** yang ditularkan melalui air, berbasis air, berkaitan dengan air, ditularkan melalui vektor yang mungkin dihasilkan dari operasi, dengan mempertimbangkan paparan yang berbeda dan sensitivitas dari kelompok rentan yang lebih tinggi.
- Bantu dan berkolaborasi dengan komunitas yang terkena dampak, lembaga pemerintahan setempat, dan pihak terkait lainnya, dalam persiapan untuk menanggapi

kondisi darurat secara efektif, khususnya saat partisipasi dan kolaborasi mereka diperlukan untuk menanggapi kondisi darurat tersebut.[55]

- Pertimbangkan untuk mematuhi **standar ketahanan pangan dunia**, seperti Codex Alimentarius,[56] dan standar kesehatan hewan dunia, seperti standar OIE.[57]
- Mempromosikan ketertelusuran untuk memastikan ketahanan pangan juga bertujuan untuk memfasilitasi manajemen sosial dan lingkungan serta meningkatkan kepercayaan.[58]

5. Ketahanan pangan dan gizi

Risiko

Dalam ICESCR (Pasal 11), kecukupan pangan adalah bagian dari hak standar hidup yang memadai.[59] Pemangku Negara berdasarkan ICESCR mengambil langkah-langkah untuk secara progresif mewujudkan hak standar hidup memadai, termasuk pangan.

ICESCR juga mengakui hak mendasar bahwa setiap orang harus bebas dari kelaparan. Dengan mengakui hak ini, Pemangku Negara harus mempertimbangkan untuk mengambil langkah-langkah yang diperlukan guna mengembangkan metode produksi pangan, konservasi dan distribusi, serta mempertimbangkan masalah negara pengimpor dan pengekspor pangan. Komite Hak Ekonomi, Sosial, dan Budaya telah menafsirkan hak-hak ini untuk mewujudkan 'saat setiap laki-laki, perempuan, dan anak-anak, sendiri atau bersama komunitas, memiliki akses fisik dan ekonomi kapan pun terhadap pangan atau sarana yang memadai untuk pengadaannya'. Dikatakan bahwa 'hak atas pangan yang memadai, seperti hak asasi manusia lainnya, membebankan tiga jenis atau tingkat kewajiban pada Pemangku Negara: kewajiban untuk menghormati, melindungi, dan memenuhi' dan 'sebagai bagian dari kewajiban mereka untuk melindungi dasar sumber daya pangan manusia, Pemangku Negara harus mengambil langkah yang tepat untuk memastikan bahwa aktivitas sektor bisnis swasta dan masyarakat sipil sesuai dengan hak untuk pangan'.[60]

Pedoman Sukarela FAO untuk mendukung realisasi progresif hak terhadap pangan yang memadai dalam konteks ketahanan pangan nasional memberikan pedoman kepada pemerintah dalam merealisasikan hak pangan yang memadai, termasuk mendukung ketersediaan pangan, baik kecukupan jumlah maupun kualitas, untuk memenuhi kebutuhan makanan setiap individu, serta kemudahan akses fisik dan ekonomi terhadap pangan yang memadai, bebas dari zat berbahaya dan diterima sesuai dengan budaya, atau sarana pengadaannya. Pedoman ini mendorong pemerintah untuk mengambil langkah-langkah dalam memastikan semua makanan, baik yang diproduksi secara lokal atau impor, bebas didapatkan atau dijual di pasar, aman, dan sesuai dengan standar ketahanan pangan nasional. Pedoman tersebut juga menganjurkan pemerintah untuk membentuk sistem kontrol pangan yang komprehensif dan rasional yang mengurangi risiko penyakit yang ditularkan melalui makanan menggunakan analisis risiko dan mekanisme pengawasan untuk memastikan ketahanan pangan di seluruh rantai makanan, termasuk pakan ternak.

Meskipun Pedoman Sukarela FAO ditujukan untuk negara, perusahaan juga memiliki peran yang penting. Investasi pertanian telah meningkat setelah lonjakan harga pangan pada tahun 2008, khususnya untuk menanggapi kenaikan permintaan makanan - diperkirakan bahwa produksi pangan dunia perlu ditingkatkan sebanyak 60% pada tahun 2050 untuk memenuhi proyeksi permintaan. Meskipun investasi tersebut menjanjikan peningkatan produksi, pengurangan kemiskinan, dan percepatan pembangunan ekonomi, di sisi lain hal tersebut juga dapat merusak akses ke pangan dalam berbagai cara. Salah satu dari dampak merugikan paling menonjol dapat dihasilkan dari akuisisi lahan yang luas dan, dalam prosesnya, memindahkan masyarakat dari lahan, atau menghalangi akses mereka ke sana (FAO, 2010).

Langkah-langkah mitigasi risiko

- Sebisa mungkin **pertimbangkan dampak operasi** pada akses dan ketersediaan pangan, pekerjaan lokal, preferensi makanan, dan stabilitas pasokan pangan, termasuk dengan melibatkan pemerintah setempat dan pemangku kepentingan terkait lainnya.
- Jika perlu, **identifikasi kekhawatiran terkait pangan** dari berbagai pemangku kepentingan dan evaluasi strategi untuk memenuhi tujuan investasi sembari memahami kekhawatiran mengenai pangan dari berbagai pemangku kepentingan, melalui konsultasi dengan pemangku kepentingan terkait.
- Sebisa mungkin **sesuaikan rancangan proyek** untuk mengatasi kekhawatiran mengenai dampak negatif pada ketahanan pangan dan gizi, misalnya dengan: mempertimbangkan investasi alternatif yang layak jika investasi yang diajukan mengakibatkan perpindahan fisik dan/atau ekonomi masyarakat lokal; mereklamasi lahan terdegradasi atau memilih lahan yang belum pernah digunakan untuk pertanian tetapi tidak sensitif terhadap lingkungan; atau meningkatkan produktivitas pertanian melalui intensifikasi berkelanjutan untuk berkontribusi pada ketahanan pangan dan gizi.
- Sebisa mungkin **pertimbangkan untuk berkontribusi** dalam mengembangkan akses ke pangan dan ketahanan serta gizi[61] penduduk lokal dengan: meningkatkan keamanan produksi, makanan yang bergizi dan beragam, dan mendukung nilai gizi makanan dan produk agrikultura; memfasilitasi akses ke input, teknologi, dan pasar; menciptakan lapangan kerja pada aktivitas hilir; atau menyiapkan fasilitas gudang masyarakat untuk mengurangi kerugian pasca-panen dan perubahan harga.[62]

6. Hak kepemilikan atas dan akses ke sumber daya alam

Risiko

Risiko kepemilikan lahan, yang muncul ketika beberapa tumpang tindih klaim lahan, mewakilkan risiko yang signifikan secara statistik dalam investasi konsesi di negara berkembang (Proyek Munden, 2013). Bahkan di antara 39 investasi agribisnis skala besar yang dianalisis oleh Bank Dunia dan UNCTAD, kepemilikan lahan diketahui sebagai penyebab paling umum dari keluhan masyarakat yang terkena dampak, terutama karena perselisihan siapa yang memiliki hak guna lahan informal dan kurangnya transparansi, khususnya pada kondisi dan proses akuisisi lahan (WB, 2014). Pada tahun 2013, setengah dari masalah pada surat keluhan yang diterima oleh Ombudsman Penasihat Kepatuhan (CAO) untuk IFC dan MIGA[63] berkaitan dengan lahan. Selain itu, sejak tahun 2000, hampir seperempat dari semua kasus yang ditangani oleh CAO mencakup komponen lahan dan air. Tekanan yang meningkat pada sumber daya ini mengakibatkan kekhawatiran terhadap akses mereka, kuantitas, dan manajemen, dan baik lahan maupun air sering berkaitan dengan budaya dan identitas. Dalam keluhan terkait lahan CAO, keluhan individu yang mendominasi adalah mengenai akuisisi lahan (22%), kompensasi (33%), dan pemukiman kembali (32%) (CAO, 2013).

Industri makanan dan minuman menempati urutan kedua setelah industri ekstraktif dalam menerima tudingan dari organisasi masyarakat sipil karena gagal memberikan pertimbangan hak yang memadai mengenai akses ke lahan dan air (EC, 2011).[64] Lahan tidak boleh semata-mata dianggap sebagai aset produktif. Peran lingkungan dan sosial budayanya juga harus diakui: lahan bisa menjadi sumber dari berbagai layanan ekosistem, termasuk air minum dan irigasi, serta jaring pengaman dan asuransi masa tua untuk petani. Lahan juga memiliki peran besar dalam kegiatan sosial, budaya, atau agama penduduk asli dan masyarakat lokal.

Meskipun negara memiliki tanggung jawab utama untuk melindungi hak kepemilikan, perusahaan harus berpikir bahwa kerangka legal tidak selalu memadai. Bahkan, sekitar 70% kepemilikan unit lahan di negara berkembang tidak terdaftar secara sah (UN HABITAT, 2015; McDermott, dll. 2015). Dengan demikian, perusahaan harus memastikan secara proaktif bahwa mereka menghormati hak kepemilikan yang sah. Secara khusus, risiko berikut harus dipertimbangkan:

- Risiko timbul ketika hukum negara tidak sepenuhnya mencerminkan hak kepemilikan yang sah atau ketika hukum tersebut tidak dilaksanakan secara efektif. Misalnya, sertifikasi tanah dan sistem pendaftaran nasional mungkin tidak memadai, tidak dapat melindungi hak kepemilikan pengguna lahan, khususnya perempuan, dan memberikan informasi perusahaan yang tidak lengkap mengenai klaim lahan terkait. Hak kepemilikan lahan menjadi rumit jika lahan hanya digunakan pada musim tertentu sehingga terlihat tidak dipakai, misalnya jika ditinggalkan oleh pengungsi internal atau jika digunakan untuk padang rumput, pakan ternak, atau peralihan pertanian. Perusahaan kemudian tersisih dari konsultasi pemegang hak tertentu (baik kelompok atau individu yang sah secara hukum atau adat istiadat, primer atau sekunder, formal atau informal) yang mungkin terkena dampak merugikan karena aktivitas mereka (OECD, 2011).

- Risiko mungkin bertambah jika negara tidak memberikan peraturan yang jelas dan transparan untuk konsultasi antara perusahaan dan pemangku kepentingan, atau perlindungan untuk melindungi hak kepemilikan yang ada dari risiko yang timbul dari transaksi skala besar dalam hak kepemilikan. Secara khusus, perusahaan mungkin berisiko jika peraturan negara tidak dilaksanakan atau tidak cukup untuk: (i) memastikan keterlibatan yang tepat dengan itikad baik dan perilaku yang sesuai budaya dengan pemegang hak kepemilikan, dan (ii) mengidentifikasi modalitas dalam lahan dan sumber daya alam mana lainnya yang akan dialihkan dan digunakan, termasuk melalui penggunaan analisis dampak ex-ante dan ex-post independen dan partisipatif, dan/atau modalitas untuk mendapatkan ganti rugi (PBB, 2009). Kurangnya inklusivitas dalam konsultasi mengenai akuisisi lahan dapat menimbulkan ketegangan dan kemungkinan konflik antara perusahaan dan masyarakat yang merasa disisihkan dari proses dan gugatan hak perusahaan (FAO, 2013).

- Meskipun perusahaan memegang tanggung jawab utama dalam memberikan kompensasi yang cepat, memadai, dan efektif kepada pemegang hak kepemilikan lahan yang sah sebelumnya saat mengambil alih tanah, perusahaan memiliki tanggung jawab untuk memastikan bahwa operasi mereka tidak menimbulkan penghunian kembali masyarakat lokal tanpa konsultasi yang bermakna atau mengusir paksa mereka tanpa kompensasi yang sesuai. Sesuai dengan VGGT, negara hanya boleh melakukan penggusuran jika hak lahan diperlukan untuk tujuan publik dan harus mendefinisikan konsep dengan jelas dari tujuan publik secara hukum untuk memungkinkan tinjauan pengadilan. Namun, di banyak negara berkembang, definisi yang tidak jelas dan/atau luas tentang tujuan publik, kurangnya rencana penggunaan lahan, tingkat korupsi yang tinggi dalam pengelolaan lahan dan spekulasi lahan, menyebabkan pengambilalihan yang tidak sah. Pengambilalihan tersebut dapat mempercepat hilangnya mata pencaharian masyarakat lokal, atau akses yang lebih terbatas ke lahan dan sumber daya alam utama lainnya sehingga menyebabkan kekurangan gizi, polarisasi sosial, kemiskinan yang mengakar, atau ketidakstabilan politik.[65] Oleh karena itu, hal ini dapat mengurangi akses ke pangan yang memadai. Pengambilalihan tersebut juga melanggar hak penduduk asli seperti yang diatur dalam Deklarasi PBB tentang Hak Penduduk Asli. Perusahaan akan terkena dampak negatif atas reputasi dan operasinya jika mereka terlibat dalam pengambilalihan yang tidak melakukan konsultasi dengan tepat oleh pemerintah dengan masyarakat lokal atau mendapatkan persetujuan atas dasar informasi awal tanpa paksaan dari penduduk asli dan tidak memberikan kompensasi yang semestinya. Hal ini dapat menyebabkan ketegangan dan konflik antara perusahaan dan masyarakat yang merasa tersisihkan atau diperlakukan dengan tidak adil (FAO, 2013). Pada kasus tersebut, perusahaan harus mempertimbangkan opsi untuk menarik diri dari operasi yang direncanakan.

Tingkat risiko kepemilikan lahan bergantung pada jenis investasi. Untuk investasi lahan hijau, uji tuntas menyeluruh harus dilakukan guna memastikan masyarakat tidak diambil alih demi tujuan pribadi dan tanpa kompensasi yang adil dan cepat. Pada kasus investasi lahan cokelat, usaha bersama dan merger, serta akuisisi, operator sebelumnya mungkin diberikan hak kepemilikan lahan dan sengketa tanah mungkin diwariskan. Akibatnya, uji tuntas harus memastikan bahwa akuisisi hak-hak ini mematuhi standar yang ada di Panduan ini, khususnya karena VGGT didukung hanya pada tahun 2012. Berinvestasi pada proyek yang ada memberikan peluang pada perusahaan untuk memastikan bahwa hak kepemilikan lahan diperoleh dengan benar, dan jika tidak, menemukan cara untuk mengganti rugi pemangku kepentingan yang terkena dampak, serta untuk terlibat kembali dengan masyarakat lokal untuk mengeksplorasi model kemitraan baru.

Langkah-langkah mitigasi risiko

- **Identifikasi pemegang hak**, yang berisi tidak hanya pemegang hak kepemilikan yang dianggap secara resmi, tetapi juga hak kepemilikan publik, pribadi, umum, kolektif, dan adat yang mungkin tidak terdaftar dan memiliki hak milik secara resmi, termasuk hak kepemilikan perempuan dan pemangku kepentingan terkait lainnya, termasuk melalui konsultasi lokal dan terbuka.[66]

- **Bentuk komite** yang mewakili pemangku kepentingan terkait untuk memberikan saran pada analisis dampak, khususnya pada fase awal (skrining dan penentuan ruang lingkup) serta pada manajemen, pengawasan, dan rencana darurat. Pertimbangan khusus harus diberikan untuk memastikan representasi yang memadai dari penduduk asli, masyarakat lokal, dan kelompok marginal.[67]

- Pertimbangkan investasi alternatif yang layak jika investasi yang diajukan menyebabkan **perpindahan fisik dan/atau ekonomi** masyarakat lokal, mengakui bahwa negara harus mengambil alih hanya jika hak atas lahan, perikanan, atau hutan diperlukan untuk tujuan publik dan mereka harus mendefinisikan dengan jelas konsep tujuan publik dalam hukum.[68]

- Ketika pemegang hak kepemilikan terkena dampak secara negatif karena operasi, bekerja sama dengan pemerintah untuk memastikan bahwa pemegang hak kepemilikan mendapatkan **kompensasi** yang adil, cepat, dan sesuai bagi pihak yang hak kepemilikannya terkena dampak negatif karena operasi dengan cara:

  - melakukan konsultasi dengan itikad baik, efektif, dan bermakna tentang kompensasi yang ditawarkan serta memastikan pelaksanaan standar kompensasi yang sesuai dan transparan

- memberikan preferensi terhadap kompensasi berbasis lahan, yaitu sepadan dalam kualitas, ukuran, dan nilai, jika tidak, memberikan kompensasi dengan biaya penggantian penuh untuk aset yang hilang, termasuk aset selain lahan (tanaman, sumber air, infrastruktur irigasi, dan pengembangan lahan), serta bantuan lainnya untuk membantu mereka mengembangkan atau mengembalikan standar hidup atau mata pencaharian
- mengawasi pelaksanaan penyusunan kompensasi.[69]

• Ketika kemampuan pemerintah terbatas, lakukan peran aktif dalam perencanaan, pelaksanaan, dan pengawasan penghunian kembali.[70]

7. Kesejahteraan hewan

Risiko

Risiko signifikan kesejahteraan hewan dapat muncul pada rantai pemasok agrikultura. Risiko ini dapat dikaitkan dengan pembatasan ruang di kandang masing-masing yang membatasi pergerakan hewan, tingkat kepadatan yang tinggi meningkatkan potensi penularan penyakit dan kontak berbahaya dengan yang lain, lingkungan tandus/tidak berubah menimbulkan masalah perilaku, pola makan yang tidak mengenyangkan, prosedur peternakan yang merugikan dan menyebabkan rasa sakit, serta pengembangbiakan untuk sifat produksi yang meningkatkan gangguan anatomi atau metabolisme. Input yang tidak memadai dari petugas gudang yang berwawasan dan terampil dapat menyebabkan peningkatan risiko (IFC, 2014).

Meningkatkan kesejahteraan hewan dapat menjadi masuk akal secara bisnis. Penyakit adalah contoh yang bagus untuk ancaman bersama terhadap kesejahteraan hewan dan keberlanjutan bisnis. OIE memperkirakan morbiditas dan mortalitas yang diakibatkan oleh penyakit hewan mengakibatkan setidaknya kerugian 20% dari produksi ternak secara global, yang mewakili setidaknya 60 juta ton daging dan 150 juta ton susu dengan nilai kurang lebih $300 miliar per tahun. Selain itu, kemakmuran di berbagai belahan dunia telah meningkatkan pilihan konsumen dan ekspektasi atas standar produksi pangan. Berdasarkan survei Eropa dan Amerika Utara, ditemukan bahwa kebanyakan konsumen peduli dengan kesejahteraan hewan dan bersedia untuk membayar lebih secara signifikan untuk produk hewani yang mereka anggap berasal dari peternak yang membesarkan hewan secara manusiawi (IFC, 2014).

Referensi mengenai kesejahteraan hewan pada standar dan prinsip internasional belum begitu banyak. Prinsip pedoman yang paling komprehensif dikembangkan oleh Organisasi Kesehatan Hewan Dunia (OIE). Pada tahun 2008, anggota OIE mengadopsi definisi kesejahteraan hewan untuk memperjelas pada skala internasional mana kesejahteraan hewan benar-benar dilibatkan.[71] Kesejahteraan hewan dapat dikompromikan dalam berbagai ukuran peternakan jika kondisi dan/atau pengelolaan tidak memadai (RSPCA, 2014).

Sembilan standar OIE mengatasi tantangan kesejahteraan tertentu, yang meliputi pengangkutan dan penyembelihan hewan, sistem produksi untuk sapi dan unggas, kontrol populasi anjing liar, serta penggunaan hewan untuk penelitian. Standar-standar ini didasarkan pada bukti ilmiah dan prinsip mendasar untuk kesejahteraan hewan yang dikenal sebagai 'lima kebebasan': bebas dari kelaparan, rasa haus dan malnutrisi, dari ketidaknyamanan fisik dan suhu, dari sakit, kecelakaan, dan penyakit, dari ketakutan dan kesulitan, serta untuk mengekspresikan pola normal perilaku.[72] Kementerian Lingkungan, Pangan, dan Urusan Pedesaan (DEFRA) Inggris menawarkan contoh praktik yang baik dengan membentuk lima kebebasan ini. Seperti yang ditekankan pada prakata kode rekomendasi DEFRA untuk kesejahteraan ternak, perusahaan yang dilibatkan dalam produksi hewani harus menunjukkan: perencanaan dan pengelolaan yang peduli dan bertanggung jawab; keahlian beternak yang terampil, berwawasan, dan teliti; desain lingkungan yang memadai; penanganan, transportasi, dan penyembelihan hewan yang manusiawi (DEFRA, 2003).

Selain standar OIE, Uni Eropa (UE) telah mengadopsi seperangkat undang-undang kesejahteraan hewan, dan Pasal 13 Perjanjian untuk Fungsi Uni Eropa mengakui hewan sebagai 'makhluk hidup'.[73] Meskipun kebanyakan peraturan UE tentang kesejahteraan hewan hanya berlaku untuk produsen UE, negara ketiga yang ingin mengekspor daging ke UE harus membuat standar yang sama dengan standar UE tentang kesejahteraan pada saat penyembelihan. Selain itu, UE bekerja untuk mewujudkan konvergensi dalam standar global mengenai kesejahteraan hewan melalui perjanjian perdagangan internasional. Standar dan skema sertifikasi tambahan mengenai kesejahteraan hewan telah dikembangkan oleh perusahaan swasta, pemerintah, dan organisasi masyarakat sipil.[74]

Langkah-langkah mitigasi risiko

- Analisis dampak aktual dan potensial pada kesejahteraan hewan, menggunakan kerangka **'Lima Kebebasan'**.
- Pastikan bahwa **lingkungan fisik** memberikan tempat istirahat yang nyaman, pergerakan yang aman dan nyaman, termasuk perubahan terkait postur yang normal, dan peluang untuk melakukan berbagai perilaku alami hewan yang dapat distimulasi.
- Pastikan bahwa hewan memiliki **akses ke makanan dan air yang memadai**, sesuai dengan umur dan kebutuhan mereka, untuk menjaga kesehatan normal dan produktivitas serta untuk mencegah kelaparan, kehausan, malnutrisi, atau dehidrasi berkepanjangan.
- Jika **prosedur yang menyakitkan** tidak dapat dihindari, kelola rasa sakit yang dihasilkan tersebut menggunakan metode yang Anda dapat lakukan dengan semaksimal mungkin.
- Pastikan **penanganan hewan** menumbuhkan hubungan positif antara manusia dan hewan dan tidak menyebabkan kecelakaan, kepanikan, ketakutan panjang, dan stres yang dapat dihindari.
- Gunakan **ras ternak** yang sesuai dengan lingkungan dan keadaan sehingga ternak tersebut dapat dipelihara tanpa penyakit produksi dan masalah intrinsik lainnya.[75]

8. Perlindungan lingkungan dan pemanfaatan sumber daya alam secara berkelanjutan

Risiko

Aktivitas agrikultura dapat menerapkan praktik ramah lingkungan untuk meningkatkan layanan ekosistem, terutama dengan menggunakan teknik pengelolaan lahan yang melestarikan tanah dan kelembapan, melindungi daerah aliran sungai, mengembalikan penghijauan dan habitat, dan mempertahankan keberagaman hayati. Namun, investasi pada sektor agrikultura cenderung meningkatkan produksi pertanian dalam jangka pendek serta dapat menyebabkan degradasi ekosistem pada jangka panjang, termasuk degradasi lahan, penipisan sumber air, dan hilangnya hutan alam dan keanekaragaman hayati. Diperkirakan 55-80% hutan global menghilang karena perubahan guna lahan untuk pertanian (UNEP, 2015). Isu yang paling sering muncul di antara 39 investasi yang dianalisis oleh Bank Dunia dan UNCTAD pada tahun 2014 berkaitan dengan penggunaan bahan kimia pertanian, seperti kontaminasi air, penyimpangan bahan kimia, dan penyemprotan udara. Selain itu, kegiatan agrikultura dapat menyebabkan dampak eksternal, termasuk emisi gas rumah kaca, dampak pada daerah aliran sungai, atau penggundulan hutan yang terjadi di lokasi yang jauh dari operasi tetapi berkaitan langsung (FAO, 2010).

Dampak lingkungan yang merugikan dapat terjadi karena kurangnya analisis dampak lingkungan yang tepat sebelum investasi serta tidak adanya sistem pengelolaan lingkungan yang efektif selama pelaksanaannya (FAO, 2011). Kualitas, kelengkapan, dan ketersediaan publik dari analisis ini sering kali menjadi objek kritik investasi skala besar (FAO, 2010). Risiko menjadi lebih tinggi jika bukti ilmiah tidak cukup untuk benar-benar menganalisis dampak merugikan. Risiko untuk perusahaan juga berkembang pesat seiring berkembangnya standar internasional mengenai utilisasi dan daur ulang sumber daya yang efisien, pengurangan emisi, penukaran atau pengurangan penggunaan substansi beracun, dan konservasi keanekaragaman hayati (OECD, 2011; IFC, 2012).

Langkah-langkah mitigasi risiko

- Tetapkan dan pertahankan **sistem pengelolaan lingkungan** yang sesuai dengan karakteristik perusahaan, termasuk dengan: mengumpulkan dan mengevaluasi informasi yang memadai dan tepat waktu tentang lingkungan, kesehatan, dan dampak keamanan untuk aktivitasnya; menetapkan tujuan yang terukur dan, jika sesuai, target untuk peningkatan performa lingkungan dan pemanfaatan sumber daya, termasuk dengan mengembangkan hama terpadu dan/atau rencana pengelolaan pupuk;[76] serta secara rutin mengawasi dan memverifikasi perkembangan menuju tujuan atau target lingkungan, kesehatan, dan keamanan.[77]

- Tetapkan prosedur untuk **mengawasi** dan mengukur efektivitas sistem pengelolaan lingkungan. Apabila pemerintah atau pihak ketiga bertanggung jawab untuk mengelola risiko dan dampak lingkungan tertentu serta langkah-langkah mitigasi terkait, bekerja samalah dalam menetapkan dan mengawasi langkah-langkah mitigasi tersebut. Jika sesuai, pertimbangkan untuk melibatkan perwakilan dari masyarakat yang terkena dampak untuk berpartisipasi dalam kegiatan pengawasan.[78]

- **Atasi** dampak terkait lingkungan, kesehatan, dan keamanan yang dapat diperkirakan berkaitan dengan proses, barang, dan layanan perusahaan selama siklus proses keseluruhan mereka dengan maksud untuk menghindari atau, jika tidak dapat dihindari, memitigasi dampak tersebut. Jika kegiatan yang diajukan memiliki dampak lingkungan, kesehatan, atau keamanan yang signifikan, dan jika kegiatan tersebut tunduk pada keputusan otoritas yang berwenang, siapkan analisis dampak lingkungan yang tepat.[79]

- Apabila terdapat risiko yang membahayakan lingkungan, hindari referensi tentang **kurangnya bukti ilmiah lengkap** sebagai alasan dari menunda langkah-langkah efektivitas biaya untuk menghindari atau meminimalkan kerusakan tersebut, sejalan dengan pemahaman ilmiah dan teknis tentang risiko, mempertimbangkan risiko terhadap kesehatan dan keselamatan manusia.[80]

- Pertahankan **rencana cadangan** untuk mencegah, memitigasi, dan mengendalikan kerusakan lingkungan dan kesehatan yang serius dari operasi, termasuk kecelakaan serta kedaruratan, dan, jika memungkinkan, bantu dan berkolaborasi dengan masyarakat yang berpotensi terkena dampak serta lembaga pemerintahan setempat untuk merespons situasi darurat secara efektif, termasuk dengan menyiapkan mekanisme untuk pelaporan langsung ke otoritas yang berwenang.[81]

- Pertimbangkan biaya, kerahasiaan bisnis, dan perlindungan hak kekayaan intelektual, berikan **informasi** kepada masyarakat umum dan pekerja secara memadai, terukur, dan tepat waktu mengenai potensi dampak lingkungan, kesehatan, dan keamanan dari aktivitas perusahaan, serta terlibat dalam komunikasi dan konsultasi yang memadai dan tepat waktu dengan masyarakat yang terkena dampak langsung oleh kebijakan lingkungan, kesehatan, dan keamanan perusahaan dan oleh pelaksanaan mereka. [82]

- Cobalah untuk menghindari dampak negatif, dan dukung konservasi **keanekaragaman hayati, sumber daya genetik, dan layanan ekosistem**, dan jika tidak dapat menghindari dampak tersebut, implementasikan langkah-langkah untuk meminimalkan dampak serta mengembalikan keanekaragaman hayati dan layanan ekosistem melalui pendekatan manajemen adaptif.[83]

- Pilih sistem produksi yang paling tepat, bekerja sama dengan pemerintah jika diperlukan, untuk meningkatkan **efisiensi penggunaan sumber daya** sembari menjaga ketersediaan sumber daya saat ini untuk masa depan.[84] Pernyataan ini menyiratkan upaya khusus untuk:

  – Memperbaiki **konservasi air,** pengolahan air limbah dan efisiensi penggunaan air, serta menggunakan dan berinvestasi pada teknologi untuk mencapai tujuan ini.[85]

  – Memperbaiki pengelolaan **input dan output agrikultura** untuk meningkatkan efisiensi produksi serta meminimalkan ancaman pada lingkungan dan tumbuhan, hewan, dan kesehatan manusia.[86]

  – Kurangi **pemborosan dan kerugian** dalam produksi dan operasi pascapanen dan tingkatkan produktivitas pemanfaatan limbah dan/atau produk sampingan.[87]

  – Terapkan langkah-langkah yang layak secara teknis dan finansial serta hemat biaya untuk memperbaiki efisiensi **penggunaan energi**.[88]

  – Lakukan langkah-langkah, yang sesuai, untuk mengurangi dan/atau menghilangkan **emisi gas rumah kaca**.[89]

9. Tata kelola

9.1 Korupsi

Risiko

Jika pemerintah tidak memiliki hukum yang jelas dan ditegakkan dengan baik tentang transparansi dan antikorupsi, risiko terkait pemerintah untuk perusahaan akan menjadi tinggi (OECD, 2006). Badan pemerintahan yang mengawasi sektor pertanahan adalah salah satu entitas publik yang paling terdampak oleh penyuapan tingkat layanan, dengan hanya polisi dan pengadilan yang memiliki tingkat penyuapan lebih tinggi (TI, 2011). Perusahaan mungkin perlu menawarkan keuntungan yang tidak semestinya untuk mendapatkan akses ke area lahan yang luas sehingga merugikan masyarakat lokal yang memegang hak lahan adat. Korupsi juga memengaruhi alokasi kredit subsidi pemerintah, dengan biaya yang tidak perlu yang diambil oleh pejabat pemerintah saat memberikan kredit. Korupsi juga meningkatkan harga input agrikultura, karena perusahaan input agrikultura dapat menjual produk mereka ke lembaga pemerintahan dengan harga yang sudah dinaikkan untuk memberikan sebagian keuntungan kepada pejabat publik.

Tuduhan korupsi dapat mengurangi keuntungan dari investasi sektor agrikultura atau mencegahnya terwujud dengan menambah biaya untuk mengakses sumber daya, meminimalkan sinergi dengan pengembangan infrastruktur saat ini dan mendatang, serta meningkatkan kemungkinan konflik (FAO, 2010). Tuduhan tersebut juga dapat merusak keyakinan dan kepercayaan masyarakat lokal terhadap perusahaan, yang merupakan hal penting untuk mengembangkan hubungan yang baik dalam jangka panjang.

Langkah-langkah mitigasi risiko

- Menahan diri dari mencari atau menerima pengecualian yang tidak dimaksudkan pada kerangka undang-undang atau peraturan yang terkait dengan hak asasi manusia, lingkungan, kesehatan, keamanan, pekerja, pajak, atau isu lainnya.
- Hindari menawarkan, menjanjikan, memberikan, atau menyuap baik secara langsung maupun tidak langsung (melalui pihak ketiga) atau keuntungan lain yang tidak semestinya kepada pejabat publik, pekerja mitra bisnis atau ke kerabat mereka atau asosiasi bisnis, untuk mendapatkan atau mempertahankan bisnis atau keuntungan yang tidak benar lainnya.
- Kembangkan dan adopsi kontrol internal, etika, dan program kepatuhan yang memadai atau langkah-langkah untuk mencegah serta mendeteksi penyuapan.
- Larang atau cegah, dalam kontrol internal perusahaan, etika, dan program atau langkah-langkah kepatuhan, penggunaan uang fasilitasi kecil, yang merupakan hal ilegal di negara tempat mereka dilakukan, dan, jika serta saat penyuapan tersebut dilakukan, catat secara akurat di buku atau catatan keuangan.
- Pastikan uji tuntas terdokumentasi dengan baik terkait dengan perekrutan agen, pastikan pengawasan yang tepat dan teratur pada mereka, serta pastikan remunerasinya tepat dan hanya untuk layanan yang sah saja.
- Jauhkan diri dari keterlibatan kegiatan politik setempat apa pun yang tidak benar.[90]
- Gunakan nilai yang dianalisis secara objektif, transparan, serta proses dan layanan terdesentralisasi, dan hak untuk mengajukan banding, untuk mencegah korupsi dengan memperhatikan hak kepemilikan, khususnya pada hak kepemilikan adat penduduk asli

dan masyarakat lokal.[91]

- Bekerja sama dalam upaya pemerintah untuk mengimplementasikan **Konvensi OECD** tentang Pemberantasan Penyuapan Pejabat Publik Asing dalam Transaksi Bisnis Internasional (Konvensi Anti-Penyuapan OECD).[92]

9.2 Perpajakan

Risiko

Perusahaan dapat berkontribusi untuk pembangunan ekonomi negara tuan rumah dengan membayar kewajiban pajak mereka tepat waktu. Tata kelola dan kepatuhan pajak dalam sistem manajemen risiko mereka dapat memastikan bahwa risiko keuangan, peraturan, dan reputasi yang terkait dengan pajak sepenuhnya diketahui dan dievaluasi (OECD, 2011). Seperti yang ditunjukkan oleh kampanye baru-baru ini yang menargetkan perusahaan besar, menghindari pajak dapat meningkatkan risiko reputasi.

Langkah-langkah mitigasi risiko

- Berikan **informasi tepat waktu** pada pihak berwenang terkait atau yang diwajibkan oleh hukum dengan tujuan penentuan pajak yang benar yang akan dianalisis sehubungan dengan operasi.
- Sesuaikan praktik **penetapan harga transfer** dengan prinsip kewajaran.
- Adopsi **strategi manajemen risiko** untuk memastikan bahwa risiko keuangan, peraturan, dan reputasi terkait pajak sepenuhnya diketahui dan dievaluasi.[93]

9.3 Kompetisi

Risiko

Praktik anti-persaingan tidak hanya memengaruhi konsumen secara negatif, tetapi juga melemahkan kekuatan tawar-menawar petani kecil jika kekuatan pembeli yang berlebihan tidak terkendali, yang akhirnya memengaruhi ketahanan pangan dan gizi (PBB, 2009). Demikian pula, dumping oleh perusahaan besar yang menjual produk dengan kerugian di pasar yang kompetitif dapat mendorong pesaing, termasuk perusahaan kecil dan menengah, keluar dari pasar. Di negara dengan hukum dan peraturan persaingan tidak dikembangkan atau didorong secara memadai, perusahaan akan berisiko melanggar standar persaingan jika mereka tidak menerapkan kehati-hatian pengelolaan yang tinggi dalam menahan diri dari praktik pelaksanaan kekuatan pembeli, seperti pengurangan retrospektif pada harga tanpa pemberitahuan yang wajar atau pembayaran yang tidak adil yang dikenakan kepada pemasok untuk keluhan pelanggan (OECD, 2006).

Langkah-langkah mitigasi risiko

- Menahan diri untuk tidak membuat atau melakukan **perjanjian antipersaingan** di antara para pesaing.
- **Bekerja sama dengan badan pengawas persaingan**, termasuk dengan, tunduk kepada hukum yang berlaku dan perlindungan yang sesuai, memberikan tanggapan secepat dan selengkap mungkin atas permintaan informasi, dan mempertimbangkan penggunaan instrumen yang tersedia, seperti pengabaian rahasia jika tersedia, untuk mendukung kerja sama yang efektif dan efisien di antara badan pengawas.[94]

10. Teknologi dan inovasi

Risiko

Penggunaan dan berbagi teknologi dapat berkontribusi untuk membuat lingkungan yang mendukung kenyamanan hak asasi manusia serta meningkatkan perlindungan lingkungan. Namun, studi empiris menunjukkan bahwa transfer teknologi aktual pada sektor agrikultura jarang mencapai tingkat yang dinyatakan oleh perusahaan (UNCTAD, 2009).

Mengenai materi genetik dan pengetahuan tradisional penduduk asli, masyarakat lokal, dan petani, Pemangku Negara untuk CBD, Perjanjian Internasional tentang Sumber Daya Genetik Tanaman untuk Pangan dan Pertanian serta Protokol Nagoya tentang Akses dan Pembagian Keuntungan ke CBD, memiliki kewajiban internasional yang spesifik berkaitan dengan akses ke sumber daya genetik dan pengetahuan tradisional terkait. Perusahaan mungkin bekerja sama dengan pemerintah untuk mendukung mereka dalam mematuhi kewajiban internasional ini, atau setidaknya tidak merusaknya, dengan mempertimbangkan hukum kekayaan intelektual yang relevan.

Langkah-langkah mitigasi risiko

- Berusaha untuk memastikan bahwa kegiatan yang dilakukan sesuai dengan kebijakan ilmu pengetahuan dan teknologi serta rencana **negara tuan rumah** dan, sewajarnya berkontribusi untuk pengembangan kemampuan inovasi lokal dan nasional.

- Jika memungkinkan selama operasi, adopsi praktik yang mengizinkan **transfer dan difusi cepat** dari teknologi yang diadaptasi secara lokal dan inovatif, pengetahuan dan praktik, dengan memperhatikan perlindungan hak kekayaan intelektual.[95]

- Mematuhi undang-undang nasional dan sesuai dengan perjanjian internasional yang berlaku, **hak peternak** untuk menyimpan, menggunakan, menukar, dan menjual sumber daya genetik, termasuk benih, dan mengetahui kepentingan peternak.[96]

- Jika sesuai, lakukan tindakan pengembangan ilmu pengetahuan dan teknologi di negara berkembang yang bertujuan untuk memenuhi kebutuhan **pasar lokal**, mempekerjakan warga lokal, dan mendorong pelatihan mereka, dengan mempertimbangkan kebutuhan komersial.

- Ketika memberikan lisensi untuk menggunakan **hak kekayaan intelektual** atau ketika sebaliknya mentransfer teknologi, lakukan dengan syarat dan ketentuan yang wajar serta dengan cara yang berkontribusi pada pengembangan berkelanjutan jangka panjang dari negara tuan rumah.

- Jika relevan dengan tujuan komersial, kembangkan hubungan dengan **universitas lokal**, institusi penelitian publik, dan berpartisipasi pada kerja sama proyek penelitian dengan industri lokal atau asosiasi industri.[97]

Catatan Lampiran A

1. Pedoman OECD, III.1-3, VIII.2; Prinsip 9.ii CFS-RAI; VGGT, 12.3; Pedoman Akwé: Kon, 10-11; Standar Kinerja 1, 29 IFC; Prinsip Kontrak yang Bertanggung Jawab PBB yang ditambahkan ke Prinsip Panduan PBB dan disahkan oleh Dewan Pimpinan HAM PBB, Prinsip 10. Hal ini juga mendukung implementasi Konvensi Aarhus, Pasal 5.6. Informasi tentang *'karakteristik produk'* harus mencakup informasi yang memadai agar konsumen dapat mengambil keputusan berdasarkan informasi, termasuk informasi tentang harga dan, jika sesuai, isi, penggunaan yang aman, atribut lingkungan, pemeliharaan, penyimpanan, serta pembuangan produk (Pedoman MNE, VIII.2).
2. Pedoman Akwé: Kon, 10-11.
3. Konvensi Aarhus, Pasal 5.1.c.
4. Pedoman OECD, III.1.
5. Standar Kinerja 1 IFC, para. 27.
6. Standar Kinerja 7 IFC, para. 13-17; Pedoman Akwé: Kon, 29, 52-53, 60; VGGT, 3B.6, 9.9; Prinsip 9.iii CFS-RAI; Deklarasi PBB tentang Hak Penduduk Asli, Pasal 10. Sesuai Standar Kinerja 1 IFC, para 33, di mana keterlibatan pemangku kepentingan merupakan tanggung jawab khusus pemerintah, perusahaan harus bekerja sama dengan lembaga pemerintah yang bertanggung jawab, sejauh diizinkan oleh lembaga tersebut. Jika kemampuan pemerintah terbatas, perusahaan harus berperan aktif selama perencanaan, pelaksanaan, dan pengawasan keterlibatan pemangku kepentingan. Jika proses yang dilakukan oleh pemerintah tidak memenuhi persyaratan terkait untuk keterlibatan yang bermakna, perusahaan harus menjalankan proses pelengkap dan, jika sesuai, mengidentifikasi tindakan tambahan.
7. VGGT, 3B.6; Standar Kinerja 1, 30 IFC.
8. VGGT, 9.9 dan 4.10; Pedoman Akwé: Kon, 14-17; Prinsip 1 dan 4 PRAI; Standar Kinerja 1, 26-27, dan 30 IFC.
9. Pedoman Akwé: Kon, 17; Standar Kinerja 1, 30-31 IFC.
10. Pedoman Akwé: Kon, 7-8; Standar Kinerja 1, 27 IFC.
11. Pedoman OECD, VI.3 dan VI.67.
12. Peralatan seperti Analisis Nilai Konservasi Tinggi dan Stok Karbon dapat digunakan. Anda dapat mengacu pada sub-bagian 8 tentang 'perlindungan lingkungan dan pemanfaatan sumber daya alam secara berkelanjutan' untuk detail lebih lanjut mengenai potensi dampak merugikan pada lingkungan.
13. Prinsip 10 CFS-RAI; Pedoman Akwé: Kon, 6, 37, dan 48.
14. Prinsip 10.i CFS-RAI, Pedoman Akwé: Kon, 14.
15. Standar Kinerja 1 IFC, para. 8 dan 10.
16. CBD Pasal 8(j) dan 10; ITPGR Pasal 9.2; Protokol Nagoya Pasal 5; Konvensi ILO 169, Pasal 15.
17. Daftar indikatif dapat ditemukan di Lampiran untuk Protokol Nagoya.
18. Pedoman Akwé: Kon, 46.

19. Prinsip 1.iii dan 2, iv-vii CFS-RAI; Prinsip 6 PRAI; Deklarasi MNE ILO, para. 20; Pedoman Akwé: Kon, 46; Standar Kinerja 7 IFC, para 18-20.

20. Deklarasi MNE ILO, para. 10, Prinsip 5 PRAI.

21. Prinsip 6 PRAI; Pedoman Akwé: Kon, 46; Standar Kinerja 7 IFC, para 18-20.

22. Standar Kinerja 1 IFC, para 35.

23. Prinsip 31 Panduan PBB, komentar.

24. Pedoman OECD, IV.46.

25. Pedoman OECD, IV.1-3.

26. Pedoman OECD, IV.37.

27. Pedoman Akwé: Kon 13; Standar Kinerja 7 IFC, para 8.

28. Lihat bagian di atas tentang analisis dampak untuk detail lebih lanjut.

29. Pedoman OECD, II.2 dan IV.5 dan 45.

30. Prinsip 3 dan 4 CFS-RAI.

31. Prinsip 3 CFS-RAI; Konvensi Penghapusan Semua Bentuk Diskriminasi Terhadap Perempuan (CEDAW).

32. Prinsip 3.iii CFS-RAI.

33. Konvensi Kebebasan Berserikat dan Perlindungan Hak Berorganisasi, 1948 (No. 87); Konvensi Hak Berorganisasi dan Perundingan Bersama, 1949 (No. 98); Konvensi Kerja Paksa, 1930 (No. 29); Konvensi Penghapusan Kerja Paksa, 1957 (No. 105); Konvensi Usia Minimum, 1973 (No. 138); Konvensi Bentuk-Bentuk Pekerjaan Terburuk untuk Anak-Anak, 1999 (No. 182); Konvensi Pengupahan yang Setara, 1951 (No. 100); Konvensi Diskriminasi (Pekerjaan dan Jabatan), 1958 (No. 111).

34. Selain itu, hak untuk bergabung dan membentuk serikat pekerja dilindungi oleh Konvensi Eropa tentang Hak Asasi Manusia (Pasal 11). Hak untuk bergabung dengan serikat pekerja dilindungi oleh hak kebebasan berserikat yang terkandung dalam Konvensi Amerika tentang Hak Asasi Manusia (Pasal 16) dan Piagam Afrika tentang Hak Asasi Manusia dan Penduduk (Pasal 10).

35. Prinsip 2 CFS-RAI mencakup hak-hak tenaga kerja.

36. Deklarasi 21 ILO MNE; Pedoman OECD, V.1.e. Komentar 54 dalam Pedoman OECD menyatakan bahwa istilah "status lainnya" untuk tujuan Pedoman ini merujuk pada kegiatan serikat dagang dan karakteristik pribadi seperti usia, disabilitas, kehamilan, status pernikahan, orientasi seksual, atau status HIV. Perlu dicatat bahwa Konvensi Hak Penyandang Disabilitas (CRPD) melarang diskriminasi dalam pekerjaan atas dasar disabilitas.

37. Deklarasi 36 ILO NME; Pedoman OECD, V.1.c; Hak Anak-Anak dan Prinsip Bisnis 2. Hak Anak-Anak dan Prinsip Bisnis tidak menciptakan kewajiban hukum internasional baru. Hal tersebut didasarkan pada hak-hak yang dijabarkan dalam Konvensi Hak Anak-Anak dan Protokol Opsionalnya. Konvensi ini adalah perjanjian hak asasi manusia yang paling banyak diratifikasi: 193 pemerintahan telah menandatangani dan meratifikasi Konvensi tersebut. Prinsip-prinsip ini juga didasarkan pada Konvensi ILO No. 182 tentang Bentuk-bentuk Pekerjaan Terburuk untuk Anak-Anak dan No. 138 tentang Usia Minimum. Selain itu, Konvensi tersebut juga menguraikan standar bisnis yang ada, termasuk 'Sepuluh Prinsip' Global Compact PBB dan Prinsip Panduan PBB.

38. Pedoman OECD, V.1.d; Standar Kinerja 2 IFC, para. 13, 15, 21, 22, dan 27.

39. Deklarasi ILO MNE, 34; Pedoman OECD, V.4.a & b.

40. Deklarasi ILO MNE, 25.

41. Deklarasi ILO MNE, 26; Pedoman OECD, V.6.

42. Komunikasi ILO dalam Rekomendasi Pelaksanaan, 1967 (No. 129), para. 2.

43. Sistem hubungan industri, termasuk perundingan bersama di tingkat perusahaan dan sektor, dapat memainkan peran penting dalam mencegah dan menangani pengaduan.

44. Standar Kinerja 2, 14 IFC; Deklarasi ILO MNE, 17, 52-53.

45. Pedoman OECD, II.9, V.1-3, V.6-8; Deklarasi ILO MNE, 41, 44, 47, 51-56.

46. Pedoman OECD, V.4-5; Deklarasi ILO MNE, para. 18.

47. Deklarasi ILO MNE, 16-18, 30-34.

48. Prinsip 3.iii dan 4.ii CFS-RAI.

49. Deklarasi ILO MNE, 31.

50. Negara-negara dan organisasi-organisasi berikut telah mendukung pendekatan ini: Komisi Eropa, Kementerian Luar Negeri AS, Kementerian Pertanian AS, Pusat Pengendalian dan Pencegahan Penyakit AS (CDC), Bank Dunia, Organisasi Kesehatan Dunia (WHO), FAO, OIE, dan Koordinasi Sistem Influenza Perserikatan Bangsa-Bangsa (UNSIC). Untuk informasi lebih lanjut, kunjungi www.onehealthglobal.net.

51. Komentar Umum tentang Komite Hak Ekonomi, Sosial, dan Budaya adalah interpretasi ICESCR yang tidak mengikat tetapi berkekuatan.

52. Komite Hak Ekonomi, Sosial dan Budaya, Komentar Umum No. 14 Tahun 2000. Meskipun ICESCR adalah instrumen internasional yang paling banyak diratifikasi di mana Negara-Negara Pihak mengakui hak untuk menikmati standar kesehatan fisik dan mental tertinggi yang dapat dicapai, hak-hak terkait kesehatan juga ditemukan dalam instrumen lain, termasuk Konvensi Hak Anak-Anak (CRC), Konvensi Penghapusan Semua Bentuk Diskriminasi Terhadap Perempuan (CEDAW), Konvensi Penghapusan Semua Bentuk Diskriminasi Rasial (CERD), dan Konvensi Hak Penyandang Disabilitas (CRPD).

53. Untuk rekomendasi khusus tentang minat konsumen, lihat Pedoman OECD, VIII.

54. Standar Kinerja 3 IFC mendefinisikan ‘praktik internasional yang baik’ sebagai ‘pelaksanaan keterampilan profesional, ketekunan, kebijaksanaan, dan kejelian yang cukup diharapkan dari para profesional terampil dan berpengalaman, yang terlibat dalam jenis usaha sama dalam keadaan sama atau serupa secara global maupun secara regional. Hasil dari pelaksanaan tersebut harus berupa proyek yang menggunakan teknologi paling sesuai dalam kondisi proyek tertentu’.

55. Standar Kinerja 4 IFC.

56. Prinsip 5 PRAI. Codex Alimentarius Commission, yang didirikan oleh FAO dan Organisasi Kesehatan Dunia (WHO) pada tahun 1963, mengusulkan standar, pedoman, dan kode praktik pangan internasional untuk melindungi kesehatan konsumen dan memastikan praktik yang adil dalam perdagangan pangan. Komisi ini juga mempromosikan koordinasi antara berbagai standar pangan yang dikembangkan oleh organisasi pemerintah dan non-pemerintah internasional. Prinsip-prinsip HACCP adalah bagian dari Codex. Prinsip-prinsip tersebut adalah pendekatan preventif yang sistematis terhadap ketahanan pangan serta bahaya biologis, kimia, dan fisik dalam

proses produksi yang dapat menyebabkan produk jadi menjadi tidak aman. Langkah-langkah disusun untuk mengurangi risiko ini ke tingkat yang aman. Ketujuh prinsip tersebut adalah sebagai berikut: (1) melakukan analisis bahaya; (2) mengidentifikasi titik kontrol kritis; (3) menetapkan batas kritis; (4) mengawasi titik kontrol kritis; (5) menetapkan tindakan korektif; (6) memverifikasi; dan (7) melakukan pencatatan. Sistem HACCP dapat digunakan di semua tahapan rantai makanan, mulai dari proses produksi dan persiapan makanan, termasuk pengemasan dan distribusi.

57. Misalnya, skema yang diakui oleh Inisiatif Ketahanan Pangan Global mencakup Sistem Manajemen Ketahanan Pangan SSC 22000 serta Standar Global BRC dan Standar Unggulan Internasional. Otoritas Ketahanan Pangan Eropa juga menyediakan standar ketahanan pangan.

58. Menurut Codex Alimentarius Commission tahun 2006, keterlacakan didefinisikan sebagai kemampuan untuk mengikuti perpindahan pangan melalui tahapan tertentu dalam produksi, pemrosesan, dan distribusi. Alat keterlacakan harus dapat mengidentifikasi pada setiap tahap tertentu dari rantai pemasok makanan dari mana makanan datang (satu langkah mundur) dan ke mana makanan pergi (satu langkah maju), sesuai dengan tujuan sistem inspeksi dan sertifikasi makanan.

59. Hak-hak terkait pangan juga dilindungi dalam instrumen internasional dan regional lainnya, termasuk Konvensi Hak Anak-Anak (CRC), Konvensi Penghapusan Semua Bentuk Diskriminasi Terhadap Perempuan (CEDAW), dan Konvensi Hak Penyandang Disabilitas (CRPD).

60. Komite Hak Ekonomi, Sosial, dan Budaya PBB, Komentar Umum 12 (1999), para. 6, 15, dan 27.

61. Untuk informasi lebih lanjut, lihat Akses ke Indeks Gizi di *www.accesstonutrition.org*.

62. Prinsip 1.i dan iii, 2.iii dan iv, dan 8.i; 3.i dan iii CFS-RAI; VGGT, 12.4; Prinsip 2 PRAI.

63. CAO adalah mekanisme bantuan independen untuk IFC dan Badan Penjamin Investasi Multilateral (MIGA). CAO menanggapi keluhan dari masyarakat yang terkena dampak proyek dengan tujuan meningkatkan hasil sosial dan lingkungan di lapangan.

64. Meskipun hak kepemilikan lahan dan sumber daya alam lainnya bukanlah hak asasi manusia, hak tersebut mungkin memiliki implikasi penting untuk menikmati berbagai hak asasi manusia dan tercermin dalam standar RBC. Satu pengecualian penting adalah hak penduduk asli atas kepemilikan dan penguasaan lahan yang mereka tempati menurut adat, yang dikodifikasikan dalam Konvensi 169 ILO dan diusung dalam Deklarasi PBB tentang Hak Penduduk Asli yang tidak mengikat tetapi banyak dikutip (lihat Lampiran B).

65. Penghunian kembali secara paksa mengacu pada pemindahan fisik (relokasi dari atau kehilangan lahan) dan pemindahan ekonomi (hilangnya sumber daya alam atau berkurangnya akses ke sumber daya alam yang menyebabkan hilangnya mata pencaharian) sebagai akibat dari pembebasan lahan dan/atau pembatasan penggunaan sumber daya alam. Penghunian kembali dianggap secara paksa ketika masyarakat yang terkena dampak tidak memiliki hak untuk menolak pembebasan lahan dan/atau pembatasan penggunaan sumber daya alam (Standar Kinerja 5 IFC).

66. VGGT, 2.4; Prinsip 1 PRAI; Pedoman Akwé: Kon 13; Standar Kinerja 7 IFC, para 8.

67. Pedoman Akwé: Kon 13.

68. VGGT, 12.4 dan 16.1; Standar Kinerja 5 IFC, para 8; Konvensi ILO tentang Penduduk Asli dan Suku, 1989 (No. 169), Pasal 16. Perlu diingat bahwa standar ini juga dirujuk dalam komitmen terbaru perusahaan-perusahaan agri-pangan besar terkait perampasan lahan.

69. PRAI, 6.2.1; Standar Kinerja 5 IFC, para. 9-10, 19, 27-28, dan Standar Kinerja 7 IFC, para 9 dan 14.

70. Standar Kinerja 5 IFC, para. 30. Selain itu, paragraf 31 dalam standar ini mengharuskan perusahaan untuk menyiapkan rencana penghunian kembali dan pemulihan mata pencaharian tambahan.

71. Menurut definisi OIE yang diakui oleh lebih dari 170 negara, kesejahteraan hewan artinya bagaimana hewan beradaptasi dengan kondisi tempat ia hidup. Hewan berada dalam kondisi sangat sejahtera jika (seperti yang ditunjukkan oleh bukti ilmiah) sehat, nyaman, bergizi baik, aman, mampu mewujudkan perilaku alami, dan jika tidak mengalami kondisi yang tidak menyenangkan seperti sakit, ketakutan, dan kesusahan. Untuk informasi lebih lanjut, lihat *www.defra.gov.uk/fawc*.

72. Kelima kebebasan tersebut diakui dalam pendahuluan rekomendasi OIE tentang Kesejahteraan Hewan, yaitu pada Pasal 7.1.2. Kode Kesehatan Hewan Terestrial. Untuk informasi lebih lanjut, lihat Lima Kebebasan dari Dewan Pimpinan Kesejahteraan Hewan di *www.fawc.org.uk/freedoms.htm*.

73. Lihat *http://eur-lex.europa.eu/legal-content/EN/TXT/?uri=CELEX:12012E/TXT*.

74. Standar ini meliputi: Catatan Praktik Baik IFC tentang Kesejahteraan Hewan dalam Operasi Hewan Ternak; Kemerdekaan Pangan Royal Society untuk Pencegahan Kekerasan Terhadap Hewan (RSPCA); Label Rouge; GAP 5 langkah; dan standar organik Soil Association.

75. OIE, Kode Kesehatan Hewan Terestrial 2015, Pasal 7.1.4. Langkah-langkah mitigasi risiko ini muncul sejalan dengan kriteria substantif dari Tolok Ukur Bisnis Kesejahteraan Hewan Ternak (*www.bbfaw.com*).

76. Rencana pengelolaan hama harus bertujuan untuk mengurangi perkembangan hama dengan menggabungkan berbagai teknik, seperti pengendalian biologis dengan menggunakan serangga atau mikroba yang menguntungkan, varietas tanaman tahan hama, dan praktik pertanian alternatif seperti penyemprotan atau pemangkasan.

77. Pedoman OECD, VI.1.

78. Standar Kinerja 1 IFC, para 5 dan 21-22.

79. Pedoman OECD, VI.2-3.

80. Pedoman OECD, VI.1, 4-5; Standar Kinerja 1, 5, dan 21-22 IFC; Global Compact PBB, Prinsip 7-8; Konvensi Kerangka Kerja PBB tentang Perubahan Iklim, Pasal 3.

81. Pedoman OECD, VI.1, 4, dan 5; Standar Kinerja 1 IFC, para. 5 dan 21-22.

82. Pedoman OECD, VI.2-3.

83. Standar Kinerja 6 IFC, para. 7; CBD Pasal 8 dan 9; Prinsip 6.ii CFS-RAI. Standar Kinerja 6 IFC, para 26, juga menyatakan bahwa 'Jika memungkinkan, klien akan menempatkan proyek agribisnis dan kehutanan berbasis lahan di lahan yang bukan hutan atau lahan yang sudah dikonversi'. Usulan Kebijakan Hutan dari Komisi Internasional untuk Perubahan Penggunaan Lahan dan Ekosistem (Oktober 2009), Arahan Energi Terbarukan UE No. 2009/28/EG (April 2009), Peraturan Kayu UE No. 995/2010 (Oktober 2010), dan Deklarasi Hutan New York yang diadopsi pada KTT Iklim 2014, mengacu pada perubahan penggunaan lahan.

84. Prinsip 7 PRAI. Misalnya, kesuburan tanah dapat dipertahankan melalui rotasi tanaman yang tepat, penggunaan pupuk kandang, pengelolaan rumput, dan praktik pengolahan tanah mekanis atau konservasi yang rasional.

85. CEO Water Mandate - inisiatif publik-swasta yang dicetuskan oleh Sekretaris Jenderal PBB pada tahun 2007 yang dirancang untuk membantu perusahaan dalam mengembangkan, menerapkan, dan mengungkapkan kebijakan serta praktik keberlanjutan air - memerlukan penetapan target terkait dengan konservasi air, pengolahan air limbah, dan pengurangan dari konsumsi air. Namun, dokumen hasil Rio +20 'Masa Depan yang Kita Inginkan' lebih berfokus pada peningkatan efisiensi penggunaan air dan pengurangan pemborosan air.

86. Prinsip 8.iii CFS-RAI.

87. Prinsip 6.iii CFS-RAI. Limbah makanan juga harus dianalisis, termasuk dengan mengukurnya. Jika memungkinkan, limbah harus diminimalkan, misalnya dengan mengalihkan teknologi ke pihak ketiga atau meningkatkan kesadaran tentang limbah makanan dan konsekuensinya. Jika limbah tidak dapat dihindari, makanan yang dikirim ke tempat pembuangan sampah harus diminimalkan dengan, misalnya, menggunakan limbah untuk pakan ternak atau mengubahnya menjadi energi jika diperlukan.

88. Standar Kinerja 3,6 IFC.

89. Prinsip 6.v CFS-RAI.

90. Pedoman OECD, II.A.5 & 15, dan VII.

91. VGGT, 6.9, 8.9, 9.12, 16.6, 17.5.

92. Untuk detail lebih lanjut tentang bagaimana negara dapat mengambil langkah-langkah efektif untuk menghalangi, mencegah, dan memerangi suap pejabat publik asing sehubungan dengan transaksi bisnis internasional, lihat Rekomendasi OECD Dewan Pimpinan untuk Pemberantasan Suap Pejabat Publik Asing dalam Transaksi Bisnis Internasional, www.oecd.org/daf/anti-bribery/44176910.pdf.

93. Pedoman OECD, XI.1-2.

94. Pedoman OECD, X.2-3.

95. Pedoman OECD, IX.1-2; Prinsip 7.iv CFS-RAI.

96. Prinsip 7.ii CFS-RAI; Perjanjian Internasional tentang Sumber Daya Genetik Tanaman untuk Pangan dan Pertanian, Pasal 9.3.

97. Pedoman OECD, IX.

Referensi Lampiran A

CAO (2013), *Laporan Tahunan*, Ombudsman Penasihat Kepatuhan, Washington DC.

CAO (2008), Panduan untuk Merancang dan Melaksanakan Mekanisme Pengaduan untuk Proyek Pembangunan, Catatan Penasihat, Ombudsman Penasihat Kepatuhan, Washington DC.

DEFRA (2003), "Prakata", dalam *Kode Rekomendasi Kesejahteraan Hewan Ternak*, Kementerian Lingkungan, Pangan, dan Urusan Pedesaan Inggris Raya, London.

EC (2011), *Laporan - Pendekatan Sektoral CSR untuk Mengatasi Masalah Sosial dalam Rantai Pemasok Pangan*, Forum Tingkat Tinggi untuk Rantai Pemasok Pangan yang Berfungsi Lebih Baik, Platform Pakar tentang Daya Saing Industri Agri-Pangan, Komisi Eropa, Brussels.

FAO (2013), Tren dan Dampak Investasi Sektor Agrikultura Asing di Pertanian Negara Berkembang: Bukti dari Studi Kasus, Organisasi Pangan dan Pertanian, Roma.

FAO (2011), Laporan Pertemuan Pakar tentang Investasi Internasional di Sektor Pertanian Negara Berkembang, 22-23 November 2011, Organisasi Pangan dan Pertanian, Roma.

FAO (2010), *Prinsip Investasi Pertanian yang Bertanggung Jawab yang Menghormati Hak, Mata Pencaharian, dan Sumber Daya*, Catatan Diskusi yang Disiapkan oleh FAO, IFAD, UNCTAD, dan Kelompok Bank Dunia, Organisasi Pangan dan Pertanian, Roma.

IFC (2014), *Meningkatkan Kesejahteraan Hewan dalam Operasi Hewan Ternak*, Catatan Praktik Baik, Perusahaan Keuangan Internasional, Washington DC.

IFC (2012), *Standar Kinerja IFC*, Perusahaan Keuangan Internasional, Washington DC.

IFC (2009), Menangani Pengaduan dari Masyarakat yang Terkena Dampak Proyek - Panduan untuk Proyek dan Perusahaan yang Merancang Mekanisme Pengaduan, Catatan Praktik Terbaik No. 7, Perusahaan Keuangan Internasional, Washington DC.

IFPRI (2006), Bahaya Kesehatan Kerja Pertanian - Memahami Kaitan antara Pertanian dan Kesehatan, Ringkasan 13(8), Institut Penelitian Kebijakan Pangan Internasional, Washington DC.

ILO (2011a), "Memperlancar pembangunan pedesaan melalui pekerjaan produktif dan pekerjaan yang layak: Pembangunan 40 tahun kerja ILO di daerah pedesaan", *Makalah Komite Badan Pengatur Ketenagakerjaan dan Kebijakan Sosial*, Organisasi Buruh Internasional, Jenewa.

ILO (2011b), *Keselamatan dan Kesehatan dalam Bidang Pertanian, Kode Praktik*, Organisasi Buruh Internasional, Jenewa.

ILO (2008), Prinsip Ketenagakerjaan dari Global Compact Perserikatan Bangsa-Bangsa: Panduan untuk Bisnis, Organisasi Buruh Internasional, Jenewa.

ILO (2006), Deklarasi Tripartit tentang Prinsip-Prinsip terkait Perusahaan Multinasional dan Kebijakan Sosial, Organisasi Buruh Internasional, Jenewa.

ILO (2005), *Keselamatan dan Kesehatan dalam Pertanian*, Kode Praktik, Organisasi Buruh Internasional, Jenewa.

McDermott, M. dkk. (2015), *Menuju Penilaian Lahan yang Tidak Terdaftar*, Makalah yang Disiapkan untuk Presentasi pada Konferensi Bank Dunia tentang Lahan dan Kemiskinan 2015 oleh McDermott, M., Selebalo, C., dan Boydell, S., Bank Dunia, Washington DC.

Proyek Munden (2013), Global Capital, Konsesi Lokal: Pemeriksaan Berbasis Data tentang Risiko Kepemilikan Lahan dan Konsesi Industri pada Ekonomi Pasar Berkembang, The Munden Project Ltd.

OECD (2011), *Pedoman OECD untuk Perusahaan Multinasional, Edisi 2011*, Bagian Penerbitan OECD, Paris. http://dx.doi.org/10.1787/9789264115415-en.

OECD (2006), "Alat Kesadaran Risiko OECD untuk Perusahaan Multinasional di Zona dengan Tata Kelola yang Lemah", dalam *Laporan Tahunan tentang Pedoman OECD untuk Perusahaan Multinasional 2006*: *Menjalankan Bisnis di Zona dengan Tata Kelola yang Lemah*, Bagian Penerbitan OECD, Paris. http://dx.doi.org/10.1787/mne-2006-4-en.

RSPCA (2014), *Peternakan Skala Besar, Makalah Pengarahan dengan Penekanan pada Peternakan Sapi Perah*, Royal Society untuk Pencegahan Kekerasan terhadap Hewan, Southwater.

TI (2011), “Korupsi di sektor pertanahan”, Makalah Kerja 04/2011, Transparency International.

UN (2009), *Akuisisi dan sewa lahan skala besar - Serangkaian prinsip dan tindakan minimum untuk mengatasi tantangan hak asasi manusia*, Laporan Khusus PBB untuk Hak atas Pangan, dokumen PBB A/HRC/13/33/3/Add.2, www.srfood.org/images/stories/pdf/officialreports/20100305_a-hrc-13-33-add2_land-principles_en.pdf.

UNCTAD (2009), *Perusahaan Transnasional, Produksi dan Pembangunan Agrikultura, Laporan Investasi Dunia*, Konferensi PBB tentang Perdagangan dan Pembangunan, New York dan Jenewa.

UNEP (2015), Kebijakan Risiko Bank dan Investor pada Komoditas Lunak, Kerangka Kerja untuk Mengevaluasi Risiko Deforestasi dan Degradasi Hutan dalam Rantai Nilai Agrikultura, Program Lingkungan PBB.

UN HABITAT (2015), *Makalah Berisi Masalah dan Unit Kebijakan Konferensi Habitat III*, Konferensi PBB tentang Perumahan dan Pembangunan Perkotaan Berkelanjutan, Nairobi.

WB dan UNCTAD (2014), Praktik Investasi yang Bertanggung Jawab dalam Investasi Sektor Agrikultura Skala Besar – Implikasi untuk Kinerja Perusahaan dan Dampaknya terhadap Masyarakat Lokal, Laporan Bank Dunia Nomor 86175-GLB, Makalah Diskusi tentang Pertanian dan Jasa Lingkungan 08, Bank Dunia dan Konferensi PBB tentang Perdagangan dan Pembangunan, Washington DC.

Lampiran B

Interaksi dengan penduduk asli

Sebagaimana dinyatakan dalam model kebijakan perusahaan, konsultasi dengan itikad baik, efektif, dan bermakna dengan masyarakat harus dilakukan sebelum memulai operasi apa pun yang dapat berdampak pada mereka serta selama dan pada akhir operasi. Selain itu, beberapa instrumen dan standar internasional menyatakan komitmen negara untuk berinteraksi dalam bentuk konsultasi guna mendapatkan persetujuan atas dasar informasi awal tanpa paksaan (FPIC) dari penduduk lokal sebelum persetujuan proyek apa pun yang berdampak pada lahan atau wilayah mereka dan sumber daya lainnya.[1] Menurut beberapa badan hak asasi manusia dan penduduk lokal, konsep FPIC berasal dari tata kelola mandiri, hak wilayah, dan budaya penduduk lokal, serta diperlukan untuk mewujudkan hak-hak tersebut. Beberapa negara memiliki hukum nasional yang konsisten dengan komitmen untuk berkonsultasi dan bekerja sama guna mendapatkan FPIC.[2]

Prinsip-prinsip CFS-RAI dan VGGT menyerukan konsultasi yang berarti untuk mendapatkan FPIC penduduk lokal. Selain itu, beberapa perusahaan agri-pangan besar dan konferensi komoditas memerlukan FPIC dalam kondisi tertentu. Misalnya, Konferensi Meja Bundar tentang Minyak Sawit Berkelanjutan (RSPO) mewajibkan FPIC dari kelompok yang terkena dampak untuk menggunakan lahan sebagai perkebunan kelapa sawit.[3] Pedoman OECD mengacu pada instrumen PBB tentang hak-hak penduduk lokal dalam konteks dampak merugikan pada hak asasi manusia tetapi tidak mencantumkan bahasa apa pun dalam FPIC.[4]

Pengertian penduduk asli

Tidak ada definisi tunggal tentang penduduk asli, dan kelompok penduduk asli bukanlah entitas yang homogen. Namun, Organisasi Ketenagakerjaan Internasional (ILO), berdasarkan Konvensi No. 169, telah mencirikan penduduk asli sebagai kelompok sosial dan budaya berbeda yang memiliki karakteristik berikut dalam berbagai tingkatan:

- identifikasi diri sebagai anggota kelompok budaya yang berbeda
- gaya hidup tradisional
- budaya dan cara hidup yang berbeda dari segmen lain dari populasi nasional, mis. dalam cara mereka mencari nafkah, bahasa, adat istiadat, dll.
- memiliki organisasi sosial yang dapat meliputi adat istiadat dan/atau hukum tradisional.[5]

Identifikasi diri sebagai penduduk asli harus dianggap sebagai kriteria mendasar untuk menentukan penduduk asli.[6]

Penduduk asli mungkin mengalami dampak merugikan yang berbeda atau lebih parah daripada kelompok pemangku kepentingan lainnya, berdasarkan hubungan mereka dengan lahan yang sering memainkan peran utama dalam praktik sosial, budaya dan agama, serta budaya dan status sosial ekonomi mereka. Penduduk asli sering berada di antara segmen populasi yang paling terpinggirkan dan rentan. Mereka dapat menghadapi diskriminasi dan mengalami tingkat kemiskinan yang tinggi sehingga menjadi lebih rentan dan kurang tahan terhadap dampak merugikan. Terlepas dari kerangka hukum tempat operasi berlangsung, penduduk asli sering kali memiliki hak adat atau tradisional berdasarkan hubungan mereka dengan lahan, budaya, dan status sosial ekonomi mereka:

- **Lahan:** Penduduk asli sering kali memiliki hubungan khusus dan/atau hak adat atas lahan leluhur. Hubungan dengan lahan ini merupakan ciri pembeda penduduk asli dan oleh karena itu dampak yang terkait dengan lahan seperti berkurangnya atau hilangnya akses ke lahan, atau degradasi lingkungan, dapat memengaruhi penduduk asli, mata pencaharian, dan budaya mereka jauh lebih parah daripada kelompok pemangku kepentingan non-pribumi lainnya. Selain itu, hak lahan adat penduduk asli mungkin tidak diakui oleh hukum negara. Konsultasi harus mengeksplorasi nilai tak berwujud yang terkait dengan situs suci atau area penting menurut budaya.

- **Budaya**: Penduduk asli memiliki nilai dan karakteristik budaya yang unik yang harus dipertimbangkan dan dihormati ketika berinteraksi dengan mereka. Misalnya, privasi dapat menjadi masalah sangat penting bagi penduduk asli, mis. karena warisan diskriminasi dan marginalisasi sosial atau budaya, atau sensitivitas karena kurangnya kontak dengan budaya umum yang berkembang. Dalam kasus tersebut, praktik interaksi yang tepat dapat menyertakan upaya mendapatkan persetujuan saat merekam informasi terkait ritual, upacara, dan, ritus peralihan untuk menghindari pelanggaran gangguan kehidupan budaya. Hal ini sangat penting ketika operasi mengakibatkan penghunian kembali dan/atau pemindahan. Mengingat bahwa cara hidup tradisional penduduk asli biasanya terkait erat dengan wilayah tertentu, penghunian kembali dapat menyebabkan hilangnya jaringan sosial, erosi budaya, dan hilangnya bahasa serta identitas khas. Pekerjaan dalam aktivitas bisnis skala besar juga dapat dilihat sebagai kerugian bagi aktivitas tradisional oleh beberapa penduduk asli. Pengenalan ekonomi uang tunai mungkin tidak sesuai dengan hubungan pertukaran yang sudah ada sebelumnya. Interaksi dengan penduduk asli dapat mengidentifikasi cara untuk memitigasi dampak ini dan mencerminkan aspirasi serta prioritas mereka.

- **Status sosial ekonomi:** Di berbagai belahan dunia, penduduk asli termasuk di antara segmen populasi yang paling terpinggirkan dan rentan. Mereka sering menghadapi diskriminasi serta mengalami tingkat kemiskinan dan ketidakberuntungan sosial yang tinggi. Sering kali, mereka kurang mendapat informasi serta kurang mampu mempertahankan hak dan warisan budaya mereka. Artinya, mereka mungkin kurang tahan terhadap guncangan dan dampak buruk serta lebih rentan terhadap konsekuensi ekonomi dan sosial yang serius. Mereka mungkin berbicara dengan dialek yang khas atau mengandalkan tradisi lisan untuk menyampaikan informasi yang dapat menyebabkan kesulitan dalam menyampaikan informasi secara efektif, dan memerlukan metode konsultasi serta interaksi yang inovatif. Selain itu, penting untuk mempertimbangkan bahwa pengaduan historis mungkin ada dan dapat memperumit kegiatan.

Kelompok penduduk asli terdiri dari individu-individu yang mengalami dampak merugikan secara berbeda dan mencakup kelompok-kelompok yang lebih rentan, seperti perempuan dan anak-anak, yang diharapkan mendapat perhatian khusus selama proses interaksi.

Implementasi FPIC

Perusahaan harus selalu mematuhi hukum dan peraturan setempat serta menghormati hak asasi manusia yang diakui secara internasional terkait.[7] Terlepas dari persyaratan peraturan atau operasional dan selama perencanaan proyek, perusahaan harus mengantisipasi bahwa penduduk asli mungkin mengharapkan konsultasi dalam upaya FPIC dan bahwa risiko dapat ditimbulkan jika harapan tersebut tidak terpenuhi. Di negara-negara di mana FPIC tidak diamanatkan, perusahaan harus mempertimbangkan harapan lokal, risiko yang ditimbulkan terhadap penduduk asli[8] dan operasi sebagai akibat dari penentangan lokal. Perusahaan harus mengejar strategi interaksi yang memenuhi harapan yang sah dari penduduk asli sejauh mereka tidak melanggar hukum setempat.

Dalam hal ini, langkah-langkah utama berikut dapat berguna untuk berinteraksi dengan penduduk asli ketika berupaya mengimplementasikan FPIC:

- Setuju dengan penduduk asli yang terkena dampak terkait proses konsultasi dalam upaya FPIC. Tindakan ini harus mengidentifikasi aktivitas tertentu yang terjadi saat ini dan di masa depan di mana persetujuan harus diupayakan.[9] Dalam beberapa kasus, patut untuk berkomitmen pada proses ini melalui perjanjian formal atau hukum.[10] Proses tersebut harus selalu didasarkan pada negosiasi dengan itikad baik yang bebas dari paksaan, intimidasi, atau manipulasi.

- Berkonsultasi dan menyepakati persetujuan yang tepat bagi penduduk asli yang terkena dampak sesuai dengan lembaga, hukum adat, dan praktik tata kelola mereka, mis. baik kesepakatan suara mayoritas dari komunitas atau persetujuan dewan tetua. Penduduk asli harus mampu berpartisipasi melalui perwakilan mereka sendiri yang dipilih secara bebas dan lembaga adat atau lainnya.

- Terlibat dalam proses upaya persetujuan sesegera mungkin selama perencanaan proyek, sebelum persetujuan kegiatan dimulai atau disahkan.

- Mengakui proses dalam upaya FPIC sebagai proses berulang, bukan diskusi satu kali. Dialog berkelanjutan dengan masyarakat lokal akan menghasilkan hubungan kepercayaan dan kesepakatan seimbang yang akan menguntungkan investasi di semua fase proyek.

- Memberikan semua informasi yang berkaitan dengan aktivitas kepada penduduk asli dengan cara yang tepat waktu, objektif, akurat, dan dapat dipahami oleh mereka.

- Mendokumentasikan komitmen/kesepakatan yang telah dicapai, termasuk, jika relevan, spesifikasi kegiatan yang telah disetujui atau ditahan, kondisi persetujuan apa pun, dan area negosiasi yang sedang berlangsung, lalu membagikannya kepada penduduk asli dalam bentuk dan bahasa yang dapat mereka pahami serta tepat waktu.

- Menentukan tindakan apa yang akan diambil jika: a) penduduk asli menolak untuk bernegosiasi; dan b) penduduk asli tidak memberikan persetujuan mereka untuk aktivitas di wilayah mereka.

Menanggapi kurangnya persetujuan atau penolakan untuk berinteraksi

Jika persetujuan ditahan oleh penduduk asli, perusahaan harus berkonsultasi dengan masyarakat untuk memahami alasan di balik kurangnya persetujuan dan apakah masalah yang sedang berlangsung dapat ditangani atau diakomodasi. Persetujuan yang sebelumnya diberikan dalam kondisi atas dasar informasi awal tanpa paksaan tidak boleh dibatalkan secara sewenang-wenang.

Dalam kasus di mana persetujuan tidak diberikan atau di mana penduduk asli menolak untuk berinteraksi, risiko materiel bagi perusahaan dan dampak merugikan bagi penduduk asli dapat terjadi. Dalam situasi di mana melanjutkan proyek akan menyebabkan dampak merugikan bagi penduduk asli, perusahaan harus mengambil langkah-langkah yang diperlukan untuk menghentikan atau mencegah dampak tersebut.[11]

Jika, melalui uji tuntasnya,[12] perusahaan menyimpulkan bahwa persetujuan diperlukan untuk melanjutkan aktivitas, dan proses yang disepakati belum sampai pada persetujuan, aktivitas tidak boleh dilanjutkan kecuali FPIC selanjutnya dibuat. Misalnya, sebuah proyek yang dibiayai oleh IFC tidak boleh dilanjutkan, terlepas dari otorisasi apa pun oleh negara, jika relokasi penduduk adat diperlukan dan jika FPIC belum diperoleh dari mereka.

Kutipan dari instrumen dan standar yang ada

Standar	Teks terkait FPIC
Deklarasi PBB tentang Hak-Hak Penduduk Asli (UNDRIP)*	*Relokasi tidak boleh dilakukan tanpa FPIC dari penduduk asli yang bersangkutan (Pasal 10).* *Negara harus memberikan ganti rugi melalui mekanisme yang efektif, yang dapat mencakup restitusi, yang dikembangkan bersama dengan penduduk asli, sehubungan dengan kekayaan budaya, intelektual, agama, dan spiritual mereka yang diambil tanpa FPIC mereka atau dengan melanggar hukum, tradisi, dan adat istiadat mereka (Pasal 11).* *Negara harus berkonsultasi dan bekerja sama dengan itikad baik bersama penduduk asli yang bersangkutan melalui lembaga perwakilan mereka sendiri guna mendapatkan FPIC mereka sebelum persetujuan proyek yang berdampak pada lahan dan wilayah mereka dan juga sumber-sumber daya yang lain, terutama dalam hubungan dengan pembangunan, penggunaan, serta eksploitasi mineral, air dan sumber daya lain (Pasal 32).* Referensi tambahan untuk FPIC tercakup dalam Pasal 19, 29, dan 30.
Konvensi ILO No. 169 tentang Penduduk Asli dan Suku**	*Jika relokasi masyarakat ini dianggap perlu sebagai tindakan luar biasa, relokasi tersebut harus dilakukan hanya dengan persetujuan atas dasar informasi dan tanpa paksaan. Jika persetujuan mereka tidak dapat diperoleh, relokasi tersebut harus dilakukan hanya mengikuti prosedur yang tepat yang ditetapkan oleh hukum dan peraturan nasional, termasuk penyelidikan publik jika diperlukan, yang memberikan kesempatan untuk perwakilan efektif dari masyarakat yang bersangkutan (Pasal 16).*

Standar	Teks terkait FPIC
Prinsip CFS-RAI	*Investasi yang bertanggung jawab dalam bidang agrikultura dan sistem pangan harus...menggabungkan struktur dan proses pemerintahan yang inklusif serta transparan, pengambilan keputusan...melalui... konsultasi efektif dan bermakna dengan penduduk asli, melalui lembaga perwakilan mereka untuk mendapatkan FPIC mereka sesuai Deklarasi PBB tentang Hak-Hak Penduduk Asli dan dengan memperhatikan posisi serta pemahaman tertentu dari setiap Negara (Prinsip 9).*
VGGT	*Negara dan pihak lain harus mengadakan konsultasi dengan itikad baik bersama penduduk asli sebelum memulai proyek apa pun, atau sebelum mengadopsi dan menerapkan langkah-langkah legislatif, atau administratif yang memengaruhi sumber daya yang dimiliki masyarakat. Proyek-proyek tersebut harus didasarkan pada konsultasi yang efektif dan bermakna dengan penduduk asli, melalui lembaga perwakilan mereka sendiri untuk mendapatkan FPIC mereka sesuai Deklarasi PBB tentang Hak-Hak Penduduk Asli dan dengan memperhatikan posisi dan pemahaman tertentu dari setiap Negara (Para 9.9).* *Dalam kasus penduduk asli dan komunitas mereka, Negara harus memastikan bahwa semua tindakan konsisten dengan kewajiban mereka sesuai hukum nasional dan internasional, serta dengan memperhatikan komitmen sukarela sesuai instrumen regional dan internasional yang berlaku, termasuk yang sesuai dari Konvensi ILO No. 169 tentang Penduduk Asli dan Suku di Negara-Negara Merdeka dan Deklarasi PBB tentang Hak-Hak Penduduk Asli (Para 12.7).*
Pedoman Akwe: Kon	*Dalam melakukan analisis dampak pada budaya, pertimbangan harus diberikan kepada pemegang wawasan tradisional, inovasi dan praktik, serta wawasan itu sendiri... Dalam hal pengungkapan rahasia dan atau wawasan suci, persetujuan atas dasar informasi sebelumnya dan langkah-langkah perlindungan yang tepat harus dipastikan (Para 29).* *Pertimbangan umum berikut juga harus diambil ketika melakukan analisis dampak untuk pembangunan yang diusulkan agar dilakukan pada, atau yang mungkin berdampak pada, situs suci dan lahan serta perairan yang secara tradisional ditempati atau digunakan oleh penduduk asli dan lokal:* • *Persetujuan atas dasar informasi awal dari penduduk asli dan lokal yang terkena dampak: Jika rezim hukum nasional mewajibkan persetujuan sebelumnya dari penduduk asli dan lokal, proses analisis harus mempertimbangkan apakah persetujuan atas dasar informasi awal telah diperoleh. Persetujuan atas dasar informasi awal terkait dengan berbagai fase proses analisis dampak harus mempertimbangkan hak, pengetahuan, inovasi, serta praktik penduduk asli dan lokal; penggunaan bahasa dan proses yang tepat; alokasi waktu yang cukup, dan penyediaan informasi yang akurat, faktual, dan benar secara hukum. Perubahan usulan pembangunan awal akan memerlukan persetujuan atas dasar informasi awal dari penduduk asli dan lokal yang terkena dampak (Para 53).* • *Kepemilikan, perlindungan, dan kontrol wawasan tradisional, inovasi dan praktik, serta teknologi yang digunakan dalam proses analisis*

Standar	Teks terkait FPIC
	dampak budaya, lingkungan dan sosial... Wawasan tersebut hanya boleh digunakan dengan persetujuan atas dasar informasi awal dari pemilik wawasan tradisional tersebut (Para 60).
Standar Kinerja IFC	*Tidak ada definisi FPIC yang diterima secara universal (...). FPIC mendasari dan memperluas proses Konsultasi dan Partisipasi yang Diinformasikan yang dijelaskan dalam Standar Kinerja 1 dan akan ditetapkan melalui negosiasi dengan itikad baik antara klien dan Komunitas Penduduk Asli yang Terkena Dampak. Klien akan mendokumentasikan: (i) proses yang diterima bersama antara klien dan Komunitas Penduduk Asli yang Terkena Dampak, dan (ii) bukti kesepakatan antara para pihak sebagai hasil negosiasi. FPIC tidak selalu membutuhkan suara bulat dan dapat dicapai bahkan ketika individu atau kelompok dalam masyarakat secara terang-terangan tidak setuju.* *Komunitas penduduk asli yang terkena dampak mungkin sangat rentan terhadap kehilangan, keterasingan atas, atau eksploitasi lahan mereka, serta akses ke sumber daya alam dan budaya. Sebagai pengakuan atas kerentanan ini, klien akan mendapatkan FPIC dari komunitas penduduk asli yang terkena dampak dalam kondisi berikut:* • *Dampak pada lahan dan sumber daya alam yang dimiliki secara tradisional atau di bawah penggunaan adat.* • *Relokasi penduduk asli dari lahan dan sumber daya alam yang dimiliki secara tradisional atau di bawah penggunaan adat. Klien akan mempertimbangkan desain proyek alternatif yang layak untuk menghindari relokasi penduduk asli dari lahan dan sumber daya alam yang dimiliki secara komunal yang tunduk pada kepemilikan tradisional atau di bawah penggunaan adat. Jika relokasi tersebut tidak dapat dihindari, klien tidak akan melanjutkan proyek kecuali FPIC telah diperoleh.* • *Warisan budaya penting: Jika dampak proyek yang signifikan terhadap warisan budaya penting tidak dapat dihindari, klien akan mendapatkan FPIC dari komunitas penduduk asli yang terkena dampak. Jika proyek mengusulkan untuk menggunakan warisan budaya termasuk pengetahuan, inovasi, atau praktik penduduk asli untuk tujuan komersial, klien akan...mendapatkan FPIC dari komunitas penduduk asli yang terkena dampak.*

* Deklarasi tahun 2007 adalah dokumen yang tidak mengikat secara hukum yang telah diadopsi oleh Sidang Umum PBB dengan hasil 143 negara mendukung, 4 negara menentang, dan 11 negara abstain. Sidang ini mewakili niat politik mereka.

** Konvensi tahun 1989 ini mengikat 22 negara yang telah meratifikasinya. Penerapan konvensi dalam ILO merupakan konsensus di antara konstituen tripartit ILO tentang hak-hak penduduk asli dan tanggung jawab pemerintah untuk melindungi hak-hak ini. Landasan Konvensi tersebut adalah: menghormati budaya dan cara hidup penduduk asli, pengakuan hak mereka atas lahan dan sumber daya alam, serta hak mereka untuk menentukan prioritas pembangunan mereka sendiri. Prinsip utamanya adalah konsultasi dan partisipasi.

Untuk panduan lebih lanjut mengenai FPIC

Mekanisme Ahli tentang Hak-Hak Penduduk Asli (2011), Saran Mekanisme Pakar No. 2: penduduk asli dan hak untuk berpartisipasi dalam pengambilan keputusan. Jenewa.

Foley-Hoag (2010), Menerapkan kebijakan persetujuan atas dasar informasi awal tanpa paksaan: manfaat dan tantangan, oleh Lehr, A. dan Smith, G. *www.foleyhoag.com/publications/ebooks-and-white-papers/2010/may/implementing-a-corporate-free-prior-and-informed-consent-policy*.

FAO (2014), Menghormati persetujuan atas dasar informasi awal tanpa paksaan - Panduan praktis untuk pemerintah, perusahaan, LSM, penduduk asli dan masyarakat lokal terkait dengan pembebasan lahan, Panduan teknis tata kelola kepemilikan 3.

ILO (2013), Memahami Konvensi Penduduk Asli dan Suku, 1989 (No. 169), Buku Pegangan untuk Konstituen Tripartit ILO, Departemen Standar Ketenagakerjaan Internasional, Organisasi Ketenagakerjaan Internasional, Jenewa.

OECD (2016), *Panduan Uji Tuntas OECD untuk Interaksi Pemangku Kepentingan yang Bermakna di Sektor Ekstraktif,* akan datang, Bagian Penerbitan OECD, Paris.

Oxfam Australia (2005), Panduan untuk persetujuan atas dasar informasi awal tanpa paksaan, oleh Hill, C., Lillywhite, S., dan Simon, S., Carlton, Victoria, Australia.

RSB (2011), Pedoman RSB untuk hak atas lahan: menghormati hak, mengidentifikasi risiko, menghindari dan menyelesaikan perselisihan, serta mengambil alih lahan melalui persetujuan atas dasar informasi awal tanpa paksaan, Konferensi tentang Bahan Bakar Hayati, Jenewa.

Forum Permanen PBB tentang Isu-Isu Adat (2005), Laporan Lokakarya Internasional tentang Metodologi Terkait Persetujuan Atas Dasar Informasi Awal Tanpa Paksaan dan Penduduk Asli. Dokumen E/C.19/2005/3, diserahkan pada Sidang Keempat UNPFII, 16-17 Mei.

Bank Dunia (2005), Kebijakan Operasional 4.10: Penduduk Asli. Washington, DC.

Catatan Lampiran B

1. Instrumen internasional yang berkaitan dengan penduduk asli adalah UNDRIP dan Konvensi ILO No. 169. UNDRIP merekomendasikan agar negara berkonsultasi dan bekerja sama dengan penduduk asli terkait untuk mendapatkan FPIC mereka dalam sejumlah situasi, termasuk untuk proyek yang memengaruhi lahan dan wilayah mereka atau sumber daya lainnya (Pasal 19 dan 32). Konvensi ILO No. 169, yang mengikat secara hukum bagi negara-negara yang telah meratifikasinya, mengharuskan negara-negara pihak untuk berkonsultasi dengan penduduk asli dengan tujuan tercapainya kesepakatan atau persetujuan atas langkah-langkah yang diusulkan (Pasal 6). Untuk panduan tentang ketentuan Konvensi tentang persetujuan, lihat Buku Pegangan ILO untuk Konstituen Tripartit ILO – Memahami Konvensi Penduduk Asli dan Suku, 1989 (No. 169) (2013). Badan-badan PBB lainnya berpendapat bahwa standar internasional terkait FPIC berlaku setara bagi pelaku yang bukan negara. Badan-badan ini mencakup Forum Permanen PBB tentang Isu-isu Adat, Kelompok Kerja PBB tentang masalah hak asasi manusia dan perusahaan transnasional, serta perusahaan bisnis lainnya, Laporan Khusus PBB tentang hak-hak penduduk asli, Mekanisme Pakar PBB tentang Hak-Hak Penduduk Asli, dan beberapa Badan Perjanjian Hak Asasi Manusia PBB.

2. FAO, "Menghormati persetujuan atas dasar informasi awal tanpa paksaan – panduan praktis untuk pemerintah, perusahaan, LSM, penduduk asli, dan masyarakat lokal terkait dengan pembebasan lahan" (2014), p. 7, www.fao.org/3/a-i3496e.pdf.

3. 'Prinsip-prinsip dan kriteria untuk produksi minyak sawit berkelanjutan' yang disahkan oleh Dewan Eksekutif RSPO dan diterima di Sidang Umum Luar Biasa oleh anggota RSPO pada tanggal 25 April 2013 menyatakan bahwa penggunaan lahan untuk kelapa sawit tidak melemahkan hukum, adat, atau hak pengguna dari pengguna lain tanpa persetujuan atas dasar informasi awal tanpa paksaan (Prinsip 2.3.). Sebagai indikator, salinan perundingan kesepakatan yang menjabarkan proses FPIC harus tersedia dan mencakup: a) Bukti bahwa rencana telah dikembangkan melalui konsultasi dan diskusi dengan semua kelompok yang terkena dampak di masyarakat, dan bahwa informasi telah diberikan kepada semua kelompok yang terkena dampak, termasuk informasi tentang langkah-langkah yang harus diambil untuk melibatkan mereka dalam pengambilan keputusan; b) Bukti bahwa perusahaan telah menghormati keputusan masyarakat untuk memberikan atau menahan persetujuan mereka atas operasi pada saat keputusan ini diambil; c) Bukti bahwa implikasi hukum, ekonomi, lingkungan, dan sosial untuk mengizinkan operasi di lahan mereka telah dipahami dan diterima oleh masyarakat yang terkena dampak, termasuk implikasi untuk status hukum lahan mereka pada berakhirnya hak milik, konsesi, atau sewa lahan perusahaan.

4. Lihat Pedoman OECD, IV.40: '[...]'perusahaan harus menghormati hak asasi manusia individu yang termasuk dalam kelompok atau populasi tertentu yang memerlukan perhatian khusus, di mana perusahaan dapat memiliki dampak merugikan pada hak asasi manusia bagi mereka. Dalam kaitan ini, instrumen PBB telah menjabarkan lebih jauh tentang hak-hak penduduk asli [...].''

5. Konvensi ILO No. 169 menetapkan definisi penduduk asli dan suku sebagai berikut. *Masyarakat suku:* kondisi sosial, budaya, dan ekonomi membedakan mereka dari bagian lain komunitas nasional, dan status mereka diatur seluruhnya atau sebagian oleh adat atau tradisi mereka sendiri atau oleh hukum atau peraturan khusus; *Penduduk asli:* mereka dianggap sebagai penduduk asli karena keturunan mereka dari populasi yang mendiami negara atau wilayah geografis tempat negara itu berada, pada saat perebutan atau penjajahan atau penetapan batas-batas negara saat ini dan yang, terlepas dari status hukumnya, mempertahankan sebagian atau seluruh lembaga sosial, ekonomi, budaya,

dan politik mereka sendiri.

6. Lihat Konvensi ILO No. 169, Pasal 1.2.

7. Pedoman OECD, I.2 dan IV. 1.

8. Sumber daya berikut memberikan rincian tentang harapan masyarakat terkait dengan FPIC: *Panduan untuk Persetujuan Atas Dasar Informasi Awal Tanpa Paksaan*, http://resources.oxfam.org.au/pages/view.php?ref=588&search=mining&order_by=relevance&sort=DESC&offset=48&archive=0&k=&curpos=54, Oxfam Australia (2014); *Mewujudkan Persetujuan Atas Dasar Informasi Awal Tanpa Paksaan: Penduduk Asli dan Industri Ekstraktif,* Doyle C. dan Carino J., Middlesex University, PIPLinks & ECCR (2013), www.ecojesuit.com/wp-content/uploads/2014/09/Making-FPIC-a- Reality-Report.pdf.

9. Instrumen-instrumen internasional yang menjadi acuan dalam tabel di bawah ini menjelaskan keadaan-keadaan FPIC yang relevan, misalnya dalam kasus-kasus ketika penghunian kembali diperlukan.

10. Telah disarankan bahwa FPIC dapat dipahami sebagai bentuk interaksi masyarakat yang lebih tinggi dan lebih formal. Akibatnya, dalam kasus-kasus tertentu perusahaan mungkin termotivasi untuk memasuki proses konsultasi yang lebih formal ketika mengembangkan proyek di atas atau di dekat wilayah adat yang mungkin memiliki dampak merugikan yang signifikan. Lihat Lehr & Smith, *Mengimplementasikan Kebijakan Persetujuan Atas Dasar Informasi Awal Tanpa Paksaan Perusahaan,* www.foleyhoag.com/publications/ebooks-and-white-papers/2010/may/implementing- a-corporate-free-prior-and-informed-consent-policy, Foley Hoag (2010), hal. 8. Institut Sumber Daya Dunia menyarankan perusahaan yang mencoba mengatasi tantangan dalam melaksanakan prosedur FPIC melalui pengakuan hukum atas proses tersebut – mis. kesepakatan formal, dalam kombinasi dengan praktik interaksi pemangku kepentingan yang baik lainnya. Lihat *Pembangunan tanpa Konflik: Kasus Bisnis untuk Persetujuan Masyarakat, Pembangunan Tanpa Konflik: Kasus Bisnis untuk Persetujuan Masyarakat*, Institut Sumber Daya Dunia (2007), http://webcache.googleusercontent.com/search?q=cache:KBxXOS9628IJ:pdf.wri.org/development_without_conflict_fpic.pdf+&cd=1&hl=en&ct=clnk&gl=fr.

11. Pedoman OECD, II.B.18-19 dan IV.40 & 42.

12. Penguasaan hukum harus dicari untuk memperjelas kewajiban hukum terkait interaksi dengan penduduk asli.

www.ingramcontent.com/pod-product-compliance
Lightning Source LLC
LaVergne TN
LVHW082047051026
849532LV00011B/3510